Liebe Leserinnen, liebe Leser!

Für den Fotografen ***Rainer Kiedrowski*** *aus Ratingen liegt die Eifel vor der Haustür. So kennt er die westdeutsche Landschaft bereits von vielen Fotoreisen.*

Autor ***Klaus Simon*** *startet von Köln aus gern zu Ausflügen in die nahe Eifel. Er ist immer wieder begeistert, wenn er beim Schwimmen im Maar oder bei Wanderungen die Landschaft (fast) für sich alleine hat.*

Wussten Sie, dass der Aachener Dom bereits 1978 als erstes Monument in Deutschland in die Liste des UNESCO Weltkulturerbes aufgenommen wurde? Der Dom ist eines der besterhaltenen Baudenkmäler der Karolingerzeit überhaupt und allein schon er rechtfertigt eine Reise nach Aachen. Immerhin besuchen fast 1,3 Mio. Menschen Jahr für Jahr den Dom. Aber es gibt viele weitere gute Gründe für einen Aachen-Besuch, alle Highlights der Karlsmetropole präsentieren wir Ihnen auf S. 39 ff.

Naturerlebnis der Extraklasse

Nach dem Kulturgenuss in Aachen ist dann Zeit für ausgiebige Ausflüge in die Eifel. Es gibt nur wenige Regionen in Deutschland, die auf relativ kleiner Fläche mit derartig unterschiedlichen Landschaften aufwarten können. Das Spektrum reicht vom kargen Hochmoor des Hohen Venn, über die daran anschließende Seenplatte mit dem Rurstausee im Zentrum und weiter über das liebliche Ahrtal bis hin zu dichten Wäldern und den grandiosen Maaren der Vulkaneifel.

Auf Traumpfaden unterwegs

Wie man diese Wildnis am besten erkundet? Keine Frage, zu Fuß. Das ganze Spektrum der Landschaftsvielfalt erschließt der Eifelsteig, jener 313 km lange Fernwanderweg von Aachen nach Trier. Konkurrenz machen dem Eifelsteig die Traumpfade. Jeder ist ein klug konzipierter Rundwanderweg, der Naturerlebnis mit Sightseeing und Genuss verbindet. Mehr darüber erfahren Sie im DuMont Thema auf S. 76 ff. Bei Wanderungen hat Klaus Simon übrigens meist Badesachen dabei. Er schätzt eine Badepause in einem der Maarseen und stellt Ihnen seine liebsten Badestellen auf S. 22 vor. Je weiter man im Maarsee hinausschwimmt, desto wärmer wird es, verriet er mir – die Vulkane der Eifel sind zwar schon lange erloschen, aber für eine Wassererwärmung reicht es noch immer.

Herzlich

Ihre

Birgit Borowski

Birgit Borowski
Programmleiterin DuMont Bildatlas

110 Die Eifel zeichnete sich durch eine Vielzahl Klöster aus. Und nicht nur die Franzosenzeit brachte für viele Abteien das Ende.

Impressionen

Aachen

Nordeifel

42 Mitten in einer eher spröden Welt zeigt Monschau beispielhaft, dass die Eifel oftmals versteckt ansprechende Seiten hat.

62 Das Ahrtal mit seinen herausragenden Rotweinlagen gehört zur Eifel. Doch bei Wittlich gibt es noch eine zweite Eifeler Weinecke.

Ahrtal · Osteifel

UNSERE FAVORITEN

BEST OF ...

92 Wer kennt ihn nicht, den Nürburgring? Doch seine autolackglänzende Fassade verdeckt Probleme, die nicht leicht zu lösen sind.

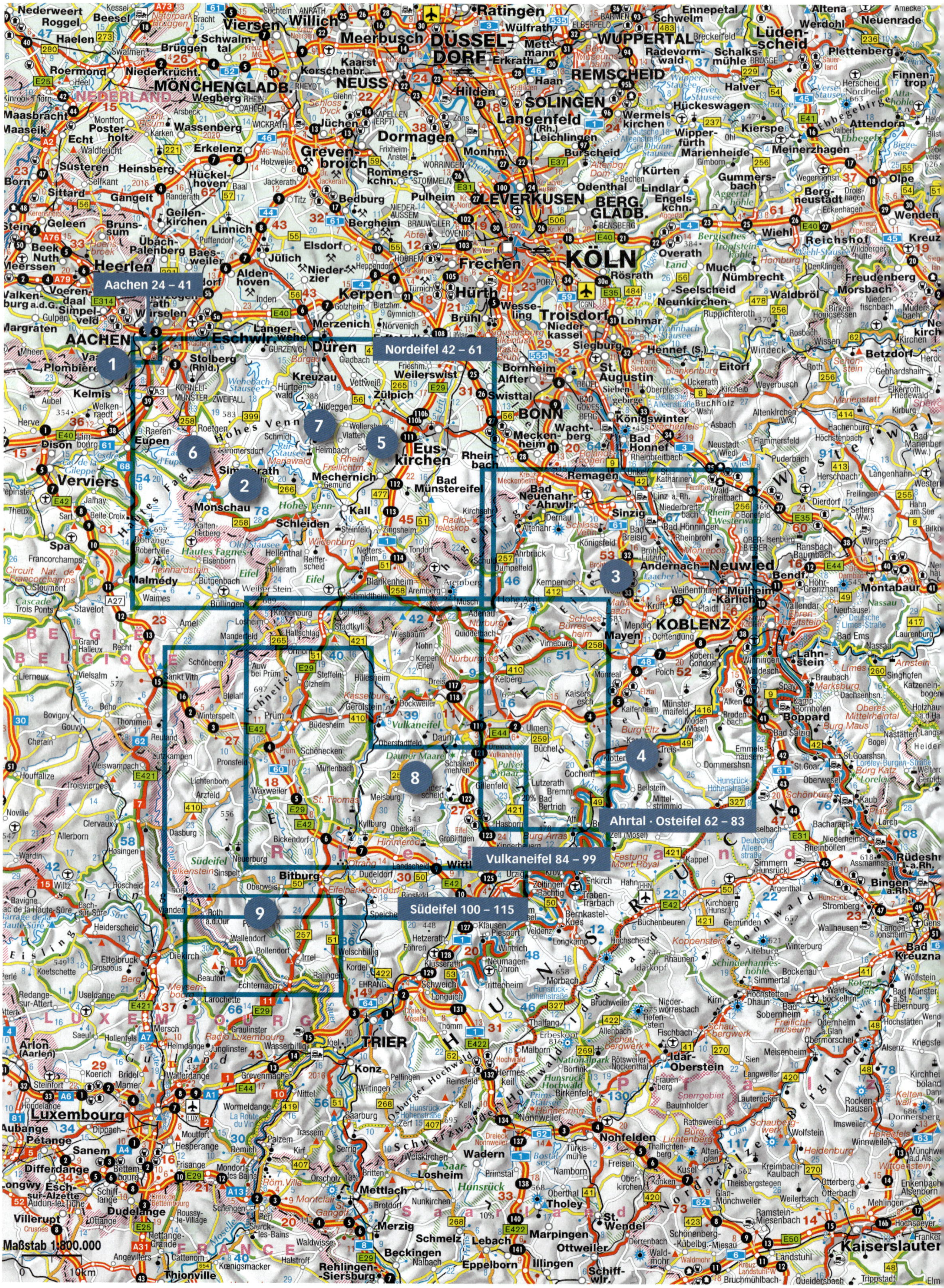
Aachen 24 – 41
Nordeifel 42 – 61
Ahrtal · Osteifel 62 – 83
Vulkaneifel 84 – 99
Südeifel 100 – 115
1
2
3
4
5
6
7
8
9
KÖLN
BONN
KOBLENZ
TRIER
AACHEN
DÜSSELDORF
Luxembourg
Maßstab 1:800.000
10km

Topziele

Die bedeutendsten Sehenswürdigkeiten und Erlebnisse, die keinesfalls versäumt werden sollten, haben wir auf dieser Seite zusammengestellt. Auf den Infoseiten sind sie jeweils als **TOPZIEL** *gekennzeichnet.*

KULTUR

1 **Aachener Dom:** Als erstes Baudenkmal Deutschlands wurde der karolingische Aachener Dom zur Welterbestätte der Unesco erklärt. **Seite 39**

2 **Monschau:** Barocke Bürgerpalais, Fachwerkgassen, filigrane Brücken und eine Burg: Monschaus Stadtbild ist schöner als jede Postkarte. **Seite 59**

3 **Maria Laach:** Die sechstürmige Silhouette der Abteikirche gehört zu den Höhepunkten der Rheinland-Romanik. **Seite 82**

4 **Burg Eltz:** Acht Jahrhunderte kam die wohl schönste deutsche Burg recht unversehrt über die Zeiten. **Seite 83**

ERLEBEN

5 **Freilichtmuseum Kommern:** Hühner gackern, ein Schwein grunzt, und hoch über den Köpfen klappert der Storch. Wenn dann noch die Mäusefallenverkäuferin auftritt, leuchten Kinderaugen. **Seite 60**

NATUR

6 **Hohes Venn:** Das Hochmoor ist eine einmalige Landschaft aus zitterndem Wollgras, torfbraunen Tümpeln und wankenden Böden. **Seite 59**

7 **Nationalpark Eifel:** Einer der letzten europäischen Buchen-Urwälder gewinnt hier Jahr für Jahr an Raum. **Seite 60**

8 **Dauner Maare:** Gemündener Maar, Totenmaar und Schalkenmehrener Maar liegen so dicht beieinander, dass man alle drei in wenigen Stunden umrundet hat. **Seite 99**

9 **Felsenland Südeifel:** Stromschnellen rauschen durch den Wald, Buntsandsteinfelsen rücken bedrohlich zusammen: Hier kommt die Eifel ursprünglich daher. **Seite 114**

RANT
Restaurant - Café

Wasser, Wald und Fachwerkidyll

Monschau ist voller traumhaft schöner Fachwerkhäuser und bietet seinen Einwohnern und Gästen zahlreiche romantische Stellen entlang der Rur. Der Fluss fließt mitten durch das alte Wollfärber- und Tuchmacherstädtchen, dem er einst eine wirtschaftliche Blüte ermöglichte. Denn erst das Wasser machte im 18. Jahrhundert die Ansiedlung von Manufakturen möglich. Ein anderer Reichtum ist der Wald, der hinter den Häusern beginnt und die Eifel über weite Flächen bedeckt – ein Segen für Forstwirtschaft und Tourismus.

Blühende Wiesen

Eine Wiese voll mit blühendem Fingerhut – wer im Nationalpark Eifel auf einem der vielen, insgesamt 240 Kilometer langen Wanderwegen unterwegs ist, bekommt auch einiges fürs Auge geboten. Besonders dann, wenn er mit einem der Ranger des Nationalparks unterwegs ist, die eine Vielzahl von Touren im Park anbieten. Seit der Gründung des Nationalparks (2004) wachsen hier auch wieder ungestört Buchenwälder – einst bedeckten sie fast ganz Mitteleuropa.

38

Badehose oder Wanderschuhe? Beides!

Die Zahl der Kanus erreicht am Rursee Flottenstärke. Etwas überschaubarer ist die Anzahl der Ausflugsboote. Für Aktivtouristen ist die Eifel ein Paradies. Baden ist nirgends schöner als in einem Maar. Radfahren wird auf der Trasse der Vennbahn oder längs der Kyll zum Vergnügen. Und auf Traumpfaden zu wandern, bedeutet ungestörten Naturgenuss.

Einsames Juwel

Burg Eltz ist ein Besuchermagnet ersten Ranges. Wie so oft in der Eifel aber muss man sich das Staunen verdienen. Das architektonische Wunderwerk liegt weit entfernt von großen Verkehrsachsen einsam in einer Talsohle. Die letzten hundert Meter geht es zu Fuß durch den Wald. Ähnliches gilt für die Manderscheider Burgen, das barocke Schloss Malberg und das romanische Kloster Steinfeld – aber auch für Naturwunder wie Maare, Stromschnellen und Vulkane. Gut so, denn mehr als anderswo ist in der Eifel der Weg das Ziel.

Aus der Hochblüte des Mittelalters

Mit den Römern wurde Aachen zum Militärbad, in dem sich Legionäre kurierten. Auf die Römer, oder besser gesagt: auf ihre Bautradition griff Karl der Große zurück, als er den Dom errichten ließ. Aachen erlebte eine Hochblüte, wurde zur Lieblingspfalz des Kaisers. Und sein Dom kam 1978 als erstes Baudenkmal auf deutschem Boden auf die Welterbeliste der Unesco.

ESSE VELIT + CUM LAPIDES VIVI PACIS COMPAGE LIGANTUR INQUE

Die fünfte Jahreszeit ist bunt

Die Jecken aus den Karnevalshochburgen am Rhein, aus der Grenzstadt Aachen (Foto) und aus Ostbelgien geben den närrischen Ton bis in die tiefste Eifel vor. Zur Fünften Jahreszeit wird es auch in Hillesheim, Daun und Kyllburg bunt, inklusive Weiberdonnerstag und Rosenmontagszug. Und am Aschermittwoch ist alles vorbei – bis zum nächsten 11.11.

Brand
Brand

Tosende Wasser

Die Prüm, sonst ein ruhiges Flüsschen, zeigt nördlich von Irrel plötzlich ein ganz anderes Gesicht. Sie fließt immer schneller, rauscht schließlich wild zwischen Felsblöcken hindurch und bildet so die Irreler Wasserfälle. Diese Stromschnellen gehören zum Naturpark Südeifel, der wiederum ein Teil des grenzübergreifenden Deutsch-Luxemburgischen Naturparks ist – ein wahres Paradies für naturbegeisterte Eifelbesucher.

Die schönsten Badestellen

Pack die Badehose ein

Nicht in allen Seen und Maaren der Eifel darf gebadet werden. Viele sind Wasserschutzgebiete und daher nicht zum Abkühlen freigegeben. Doch es bleibt immer noch eine stattliche Anzahl von badefreundlichen Gewässern. Einige werden im Sommer sogar von Bademeistern überwacht.

4

2

1 Gemündener Maar

7,2 ha Wasserfläche, 38 m Tiefe, Durchmesser 325 m – die Maße sprechen für sich. Hier ist der Badespaß groß, und zudem sicher. Im Freibad am Ufer (mit Sprungturm!) wachen Bademeister darüber, dass sich Schwimmer und Bötchenfahrer nicht behindern.
Einen tollen Blick auf das 407 m hoch gelegene Maar hat man übrigens vom 2 km südlich gelegenen Mäuseberg, den der Dronketurm krönt. Lust auf noch mehr körperliche Betätigung? Der Eifel-Steig führt direkt am Gemündener Maar vorbei …

Freibad Mai–Sept., Eintritt Erwachsene 3,50 €, Kinder 2,50 €, www.eifel.info/a-freibad-gemuendener-maar-1

2 Schalkenmehrener Maar

Prinzipiell ist das Baden am gesamten Ufer erlaubt. Sicher, weil überwacht, steigt man jedoch nur im zum Naturfreibad erklärten Nordwestufer ins 20 m tiefe Maar. Von der Liegewiese aus ist der Blick über das Maar zudem am stimmungsvollsten.
Das Schalkenmehrener Maar hat einen Durchmesser von 575 m und punktet mit vielen Freizeitangeboten, wozu auch Bootfahren und Surfen zählen. Hinzukommt die Nähe zu Schalkenmehren, wo etliche Gaststätten müde Schwimmer mit herzhafter Eifelkost wieder aufbauen.

Freibad Mai–Sept., Eintritt Erwachsene 3 €, Kinder 1,50 €, www.gesundland-vulkaneifel.de

3 Pulvermaar

Fast kreisrund, tiefblau und mit schönem Buchenwald bestandene, steile Hänge – das Pulvermaar ist ein Bild von einem Maar! Für manch einen ist es wegen des perfekten Runds sogar das schönste unter den Eifel-Maaren. So tief ist zudem kein anderer See in der Eifel – mit 74 m ist das Pulvermaar einer der tiefsten Seen Deutschlands (sieht man einmal von den Alpen ab). Und mit 700 m Durchmesser und 36 ha Fläche bietet das Pulvermaar auch reichlich Platz zum Abtauchen und Erfrischen. Wer sich nach dem Baden noch anderweitig betätigen möchte, kann auch ein Tret- oder Ruderboot mieten.

Mai–Okt., Eintritt Erwachsene 4 €, Kinder 2 €, www.gesundland-vulkaneifel.de

4 Meerfelder Maar

Über dem schwarzblauen Wasser steigen die Waldflanken des Talkessels an. Seerosen schunkeln. Schilf wogt. Der See ist ganz still. Unheimlich still. Auf der anderen Seite liegt Meerfeld, wo man nach dem Baden auf einer der Restaurantterrassen zum See einkehren kann. Aber jetzt lockt zuerst der Sprung ins Wasser.
Ein paar Züge reichen, um die Holzbarren zu erreichen, die das zum Schwimmen freigegebene Stück vom angrenzenden Naturschutzgebiet abtrennen. Pause. Die Arme kreuzen sich auf einem der Hölzer, das Kinn ruht auf den Armen, die Augen folgen dem Wogen im Schilf. Vielleicht führen die Wasserhühner in der Deckung der Rohre gerade ihre Küken zu ersten Schwimmübungen aus. Dann ist das Glück kaum auszuhalten.

Mai–Sept., Eintritt Erwachsene 2 €, Kinder ab 6 Jahre 1 €, www.gesundland-vulkaneifel.de

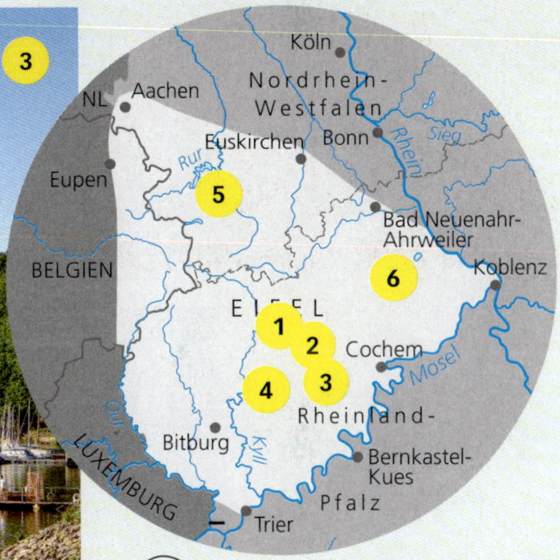

5 Rursee

Hinter der 480 m langen Staumauer Schwammenauel des von majestätischen Buchen gesäumten Hauptsees ist der Badespaß groß. An manchen Uferabschnitten erinnert die Landschaft an skandinavische Fjorde, so urwüchsig sind die Buchenwälder und so unberührt die Ufer. Der Hauptsee der von der Rurtalsperre angestauten Seenplatte ist das größte Freizeitrevier der Nordeifel. Badeplätze gibt es bei Rurberg, Eschauel oder Einruhr. Und im ersten Beachclub der Eifel chillt es sich dank Palmen, Sand und Liegen genau so entspannt wie an der Côte d´Azur. Der Nachteil: Die Nähe zu Düren und Köln führt besonders an Wochenenden zu starkem Andrang an und im Wasser. Wozu auch Segler, Paddler und Surfer beitragen. Wer kann, weicht deshalb besser auf einen Tag unter der Woche aus!

www.rursee-mein-revier.de/schwimmen, www.beachclubeifel.de

6 Laacher See

An der Nordseite eines der größten natürlichen Seen Deutschlands befindet sich ein Campingplatz. Nur von dort aus dürfen die Surfer und Segler starten – und von der Liegewiese des Platzes darf man als zahlender Besucher ins Wasser. Sicher ist das Vergnügen im See in jedem Fall: die Deutsche Lebens-Rettungs-Gesellschaft (DLRG) ist mit einer Ortsgruppe vertreten. Den schönsten Blick auf den Laacher See hat man vom Lydiaturm am nördlichen Calderahang. Nicht wundern, wenn der See an manchen Stellen „perlt". Wo etwa der Basaltlavastrom am Lorenzfels das Ufer erreicht, blubbert das Wasser im größten Vulkansee der Eifel. Der Grund sind vulkanogene Gasaustritte – Mofetten genannt. Das Ganze ist völlig harmlos. Es handelt sich um Kohlenstoffdioxid, das aus dem See aufsteigt und durch feine Risse aus der noch immer abkühlenden Magmakammer unter dem See entweicht.

Zugang Campingplatz April–Okt., Eintritt Erwachsene 4 €, Kinder 2 €, www.camping-laacher-see.de

Großer Karl, kleine Stadt

Bereits die Römer kurten in den heißen, schwefelhaltigen Kochsalzquellen. Karl der Große erklärte die Stadt zu seiner Lieblingspfalz. Die Reihe deutscher Könige, die in Aachen gekrönt wurden, ist mit 31 Häuptern beträchtlich. Macht viel große Geschichte. Von musealer Erstarrung jedoch keine Spur. Für Umtrieb sorgen die Studenten und Besucher aus dem nahen Ausland. Und als Austragungsort für Reitsportturniere ist Aachen international Spitze.

Seit 1215 liegen die Gebeine Karls des Großen im Karlsschrein: lichtdurchfluteter Chor des Aachener Doms.

Das zentrale Kuppeloktogon des Aachener Doms greift auf byzantinische Vorbilder zurück (oben links und rechts). Der Thron Karls des Großen steht auf der Westempore des Doms (unten rechts). Aachens Markt vor dem Rathaus ist zugleich auch Caféterrasse (unten links).

Das Zentrum des Aachener Marktes bildet der barocke Karlsbrunnen.

Von 936 bis 1806 wurden die römisch-deutschen Könige in der Aachener Pfalzkapelle gekrönt und später von den Reichsfürsten im Aachener Rathaus bewirtet.

Karl der Große bleibt das Maß in der beschaulichen Stadt. Dem mythenumrankten Kaiser, dessen bronzene Reiterstatue im Pariser Louvre steht und dessen Schwert in der Hofburg zu Wien aufbewahrt wird, verdankt Aachen den prominenten Platz in der europäischen Geschichte. Karl herrschte über ein Reich, das von den Pyrenäen bis zu den Westfriesischen Inseln, von Ungarn bis Mittelitalien reichte. In den heißen Quellen der Stadt ruhte sich der Kaiser von den Anstrengungen der Herrschaft aus. Aachen wurde seine Lieblingspfalz und ums Jahr 800 herum Regierungssitz seines Imperiums.

Das Reich zerfiel. Geblieben ist Karls archaisch schlichter Marmorthron im achteckigen Zentralbau des Doms. Hier ließ sich der zum Vordenker eines vereinten Europas verklärte Herrscher krönen, hier starb er und wurde in der Pfalzkapelle beigesetzt. Seit 1881 funkelt das Gewölbe in den satten Gold- und Blautönen eines byzantinisch inspirierten Mosaiks. Mindestens ebenso lange pilgern Touristen aus aller Welt in den Wunderbau des christlichen Abendlands, der als erstes Baudenkmal auf deutschem Boden schon 1978 von der Unesco zum Welterbe erklärt wurde – noch vor den Pyramiden, worauf man in Aachen besonders stolz ist.

Allein äußerlich spiegelt der Dom Karls grenzübergreifenden Wirkungsgrad wider. Die Steine, aus denen das grandiose Oktogon errichtet wurde, kann man mit dem bloßen Auge identifizieren. Blauer Haustein aus dem belgischen Maastal wechselt mit cremeblondem Mergelstein aus dem niederländischen Maastricht. Doch selbst im altehrwürdigen Dom, an dem jede Sanierung oder Veränderung von den karlstreuen Aachenern argwöhnisch beäugt wird, sind die Dinge ins Rollen gekommen. Im Schuljahr 2008/2009 hat die Domsingschule erstmals Mädchen aufgenommen, eine Entscheidung von geradezu historischer Tragweite. Denn die Grundschule am Dom bildet die Sänger für den traditionsreichen Domchor aus. Drei Jahre nach dem epochalen Ereignis sang erstmals in der Geschichte des Doms ein Mädchen auf der Kirchenempore mit. Auch bei den großen Feierlichkeiten 2014 zum 1200. Todesjahr des Kaisers, der am 28. Januar 814 gestorben ist, hatte der Domchor seinen Auftritt.

Auch eine Kurstadt

„Bad Aachen“ darf sich Aachen nennen, auch wenn die heutige Bedeutung als Kurstadt nur erahnen lässt, wie bekannt die Stadt für ihre Quellen einmal war. Heilendes Wasser war sogar der Grund

Schon Karl der Große schätzte die heißen Quellen Aachens. Mit seinem Namen schmücken sich die modernen Carolus-Thermen – hier der Ruhepool der Saunawelt.

Auf dem Platz Am Hof hinter dem Puppenbrunnen erinnert im Schatten des Doms ein römischer Portikus an den Tempelbezirk zu Römerzeiten.

Das Neue Kurhaus wurde 1914 bis 1916 am Aachener Stadtgarten errichtet. Der neoklassizistische Bau beherbergt heute die Spielbank.

für die Gründung der Stadt an dieser Stelle. Kelten und Römer versprachen sich in den warmen Quellen im antiken römischen Militärbad Aquae Granni Linderung von Rheuma – Aqua, das Wasser, Grannus, der keltische Heilgott.

Im südwestlichen Stadtteil Burtscheid sprudeln die Quellen mit bis zu 75 Grad und wurden bereits im ersten nachchristlichen Jahrhundert erschlossen. Im Stadtzentrum bauten die Römer zwischen heutigem Katschhof und Domhof die Münstertherme. Am Büchel sprudelt das Wasser um die 50 Grad warm aus dem Boden. Hier stand in der Antike die Bücheltherme. Auch im Mittelalter wurde an beiden Orten gekurt.

Erst im 17. Jahrhundert aber stieg Aachen zum mondänen Kurbad auf. Grund waren die neuen Kuranlagen außerhalb der mittelalterlichen Mauern. Im späten 18. Jahrhundert dann las sich die Gästeliste von Bad Aachen wie ein Who is Who des europäischen Hochadels. Der Herzog von Angoulême kam. König Gustav von Schweden dito, der Erzherzog von Österreich ebenfalls. Fini.

Im feinen Burtscheid und im Kurgebiet Monheimsallee sprudeln die Quellen noch immer, allerdings nur für zahlungswillige Kurgäste oder Wellnesssuchende. Am klassizistischen Elisenbrunnen fließt das schwefelhaltige, ebenfalls über 50 Grad warme Wasser hingegen gratis – und von allen Heilserwartungen befreit – aus bronzevergoldeten Löwenköpfen.

Im Quartier Latin

Jeder sechste Aachener studiert: Macht im letzten Wintersemester stolze 57 977 Studenten, wovon 45 377 allein an der Rheinisch-Westfälischen Technischen Hochschule, kurz RWTH, eingeschrieben waren. Im campusnahen Quartier Latin reiht sich Kneipe an Kneipe. In der alternativ daherkommenden Pontstraße, der Hauptschlagader des Viertels, kommen Bücherläden und Streetwearshops hinzu. Soweit kein Grund zur Klage, wäre da nicht der Frauenmangel. Nach

Die „Supermarket Lady“ des hyperrealistischen US-amerikanischen Künstlers Duane Hanson steht im Aachener Ludwig Forum (oben links). Das Couven-Museum zeigt die Entwicklung bürgerlicher Wohnkultur (oben rechts). Ein auffälliges Stück neuer Aachener Architektur ist der Glaskubus am Holzgraben; davor steht seit 1970 die Skulptur „Klenkes“, die den typischen Gruß der Aachener mit dem kleinen Finger zeigt (unten links). Das rosafarbene Couven-Museum am Hühnermarkt war ursprünglich Wohnhaus der Baumeisterfamilie; gegenüber ist „Plum’s Kaffee“ zu finden (unten rechts).

wie vor treibt es vorrangig männliche Bewerber in die Fakultäten Maschinenwesen, Georessourcen und Materialtechnik oder Bauingenieurswesen. Entsprechend rar sind weibliche Besucher in der Partymeile zwischen Markt und Ponttor. Selbst ein Aachener Bier aus der Privatbrauerei Ortmanns tröstet viele Jungforscher darüber nicht hinweg, der Standortbonus Dreiländereck schon. Maastricht und Lüttich, wo die Geschlechterquote in der Kneipe stimmt, liegen nur einen Katzensprung entfernt.

Heiteres Rokoko

1656 vernichtete ein Stadtbrand die bis dahin mittelalterlich geprägte Stadt. Binnen eines Tages fielen der Feuersbrunst 4664 Häuser zum Opfer. Es sollte ein halbes Jahrhundert dauern, bis Aachen sich von der fast vollständigen Zerstö-

Aachens Museumslandschaft reicht von barocker Wohnkultur bis zur gegenwärtigen Moderne.

rung wieder erholt hatte, ein weiteres halbes Jahrhundert bis die Baumeister Johann Joseph und Jakob Couven der Stadt ein festlich barockes bis heiter rokokokettes Gesicht verliehen hatten. Der Vater Johann Joseph Couven (1701–1763) stammte aus Lüttich. Sein Wirken fällt in die Zeit, als Aachen zum noblen Badeort von internationalem Ruf aufstieg. Couven prägte die Stadt im von ihm geschaffenen Aachen-Lütticher Rokoko. 1739 wurde er zum Stadtarchitekten ernannt. Zuvor hatte er Mainfranken bereist und sich dort vom auf Pracht und Heiterkeit setzenden Spätbarock inspirieren lassen. Vor allem die Abteikirche in Burtscheid belegt die architektonische Verwandtschaft. Außer für die Stadt Aachen baute Couven für den Bischof von Lüttich, so etwa dessen Jagdschloss in Maaseik. Ab

Aachens Altstadt scheint sich im Sommer in ein einziges großes Straßencafé
zu verwandeln – hier der lang gestreckte Platz Am Hof.

Die Alt-Aachener Café-Stuben Van den Daele sind für ihre Gemütlichkeit bekannt.

„Plum's Kaffee", Deutschlands älteste Kaffeerösterei, wird in Aachen geschätzt.

Special

Aachener Printen

Traditionsreiche Köstlichkeit

4500 Tonnen Printenmasse stellen Aachens Bäckereien pro Jahr her. „Aachener Printen", so der offizielle Name des von der Europäischen Union als Produkt mit geschützter geografischer Angabe zertifizierten Gebäcks, müssen in der Stadt Aachen selbst sowie in den Nachbarorten Alsdorf, Baesweiler, Eschweiler, Stolberg und Würselen hergestellt sein. Der Ursprung der Printe ist im belgischen Dinant, der wohl ersten Backstätte für das sogenannte Gebildbrot zu suchen. Seit 900 Jahren werden dort die Couques de Dinant gebacken, deren Rezept an das der Aachener Printen erinnert. Und der Name? Geht vermutlich auf das niederländische „prenten" oder englische „print" für Drücken oder Pressen zurück.

Um den Dom herum machen sich alle großen Aachener Printenhersteller mit Boutiquen und Cafés breit. Knapp zwei Dutzend Betriebe gibt es in der Stadt, die selbstverständlich auch auf dem Weihnachtsmarkt vertreten sind. Echte „Öcher" kaufen die plombenfeindlichen, an ein würziges Honigbrot erinnernden Printen jedoch am liebsten bei „Klein". 300 Kilo setzt der Edelprintenbäcker in seinem bescheidenen Ladenlokal pro Woche um. In der Adventszeit, wenn Scharen britischer Touristen mit dem Eurostar via Brüssel zum Aachener Weihnachtsmarkt anreisen, verzehnfacht sich die Menge.

Printen bei „Klein" in der Franzstraße

Mitte des 18. Jahrhunderts trat ihm sein Sohn Jakob zur Seite. Von ihm stammt das prachtvolle Alte Kurhaus an der Komphausstraße, doch als Jakob Couvens wichtigste Hinterlassenschaft gilt Haus Monheim am Hühnermarkt.

Das Wohnhaus des Architekten ist heute Couven-Museum. An der Fassade wechselt blauer Haustein aus Belgien mit lachsrosa Putz. Hinter den übermannshohen Fenstern erschließt sich die Welt der einst mondänen Bäderstadt. Fayencen, Prachtkamine, Delfter Kacheln, Räume umspannende Landschaftsbilder und immer wieder Möbel im Stil des Aachen-Lütticher Rokokos, allen voran mit Schnitzereien reich verzierte Vitrinenschränke, bringen den Zauber des spätfeudalen Zeitalters zurück.

Stadt in Grenzlage

Im Mai 2013 wurde die Klage eines Aacheners, der gegen die nur französische Ausschilderung des Namens von Liège (deutsch Lüttich, niederländisch Luik) am Europaplatz geklagt hatte, endgültig abgewiesen. Pech vielleicht für die vielen Aachenbesucher, die am großen Kreisverkehr des Europa-Platzes, der direkt auf die Autobahn führt, nicht immer sofort wissen, welche Stadt mit „Liège" gemeint ist. In Aachen selbst ist der Name der belgischen Nachbarstadt

Für die Aachener Jecken ist der Umzug am Rosenmontag unbestrittener Höhepunkt des Jahres. Er führt durch die gesamte Altstadt und natürlich auch am Rathaus vorbei.

hingegen in allen grenznahen Sprachen geläufig. Im Dreiländereck Deutschland-Niederlande-Belgien wird das sprachliche und kulturelle Miteinander ganz selbstverständlich gelebt, etwa bei den Partys und Ausstellungen im „KuKuK“ in der ehemaligen deutsch-belgischen Grenzstation Köpfchen.

Niederländer und Belgier aus dem Dreiländereck gehören seit jeher zu Aachens Stammgästen. Die meisten kommen zum Einkaufen über die Landesgrenze, die direkt vor der Stadt verläuft. Umgekehrt fahren die Aachener am Sonntag ins niederländische Vaals, wo die Supermärkte geöffnet sind. Auch die Kundenkarte der belgischen Supermarktkette „Delhaize“ steckt griffbereit in vielen Aachener Portemonnaies.

Aachen gehörte zu den ersten Orten, in denen der Rheinische Karneval gefeiert wurde.

Einmal in der Woche fließen die Warenströme zusammen. Zum Aachener Dienstagsmarkt rücken die Fischhändler aus der niederländischen Provinz Limburg an, um auf dem Eisbett kunstvoll Scholle, Seezunge und Matjes zu drapieren. Bei Jansen, dem Käsehändler Aachens schlechthin, stehen die Kunden Schlange für alten Gouda und kräftig duftenden Rohmilch-Limburger aus Belgien. Das Angebot erinnert in seiner Üppigkeit an die Stillleben altniederländischer Meister, die aufgekratzte Stimmung an eine Eckkneipe im Kölner Karneval.

Womit das letzte Stichwort gefallen wäre. Aachen ist Karnevalshochburg. „Wider den tierischen Ernst“ heißt der Orden, den die Narren während der Fünften Jahreszeit verleihen. Denn nicht nur die Nähe zu Belgien und den Niederlanden, sondern auch die zum Rheinland verpflichtet.

Die leckersten Lokale außerhalb der Städte

Hier schmeckt's: Landgasthöfe

Die Produkte kommen aus der Region, gekocht wird mit neuer Leichtigkeit. Wo früher Jägerschnitzel und Toast Hawaii als der Kochkunst höchster Grad galten, steht heute eine frische Regionalküche auf der Karte. In den neuen Landgasthöfen der Eifel ist Essen ein gesunder Genuss.

1 MundArt im NaturPurHotel Maarblick

Die Steinpilze hat der Bürgermeister von Meerfeld gesucht. Das Eifler Lamm auf der Karte des „MundArt" ist eines mit Biozertifikat. Beides schmeckt wunderbar. Zum Abschluss gönnen wir uns dann noch ein „Lavabömbchen", eine kalorienschwere Milchschokoladenganache. Hotelchefin und Konditormeisterin Irina Weiler macht von den Pralinen bis zum Kartoffel-Nusskuchen „Kartoffelkuss" erstens alles selbst, zweitens alles aus Bioprodukten, die drittens fast alle aus der Eifel kommen. Auf der Karte stehen auch Gerichte für Vegetarier und Veganer.

Meerbacherstr. 52, 54531 Meerfeld, Tel. 06572 44 94, www.naturpurhotel.de, tgl. geöffnet

2 Kucher´s Landhotel

Ein Schwabe in der Eifel: Martin Kuchers innovative Gourmetküche setzt mit Karree vom Weidelamm mit Oreganokruste und Balsamiconudeln in der Eifel kulinarische Maßstäbe. Einfacher ist die Karte im Ableger „Kucher's Weinwirtschaft", etwa warmer Zucchinikuchen mit Nüssen, marinierter Kalbskopf, Mirabellenchutney und Steinpilzsalat. Auf der Weinkarte stehen unglaubliche 1300 Posten – ältester Jahrgang 1870!

Karl-Kaufmann-Str. 2, 54552 Darscheid, Tel. 06 59 26 29, www.kuchers landhotel.de, Gourmetrestaurant, Weinwirtschaft, Mo., Di. mittags, geschl., Menü 82–134 €

3 Landgasthof Schröder

Ein Familienbetrieb in dritter Generation. Spezialität ist Eifler Regenbogenforelle in Mandelbutter. Apropos Forelle: Krimi-Autor Jacques Berndorf hat seinen Stammplatz unter der ausgestopften Forelle neben der Theke. Sonntags sollte man hier unbedingt reservieren!

Kerpener Str. 7, 54579 Niederehe, Tel. 02696 10 48, www.landgasthof-schroeder.de, Mo., Di. geschl.

4 Gasthaus Herrig

Vorweg ein Kir Eifel (Elblingsekt von der Mosel mit Holunderlikör aus Idesheim), zum Hauptgang Steinpilze aus den Wäldern ums Dorf und Poularde vom Hof seines Vertrauens: Der freundliche Koch und Hausherr Thomas Herrig ist ein Vorreiter der Eifler Regionalküche.

Hauptstr. 20, 54636 Meckel, Tel. 06568 2 98, www.gasthaus-herrig.de; Di. geschl., Mo., Mi.–Sa. ab 16.00, So. u. Fei. ab 11.00 Uhr

5 Das kleine Landcafé

Spezialitäten des netten Dorfbistros von Claudia Kirfel-Meyer sind neben dem täglich frisch gebackenen Kuchen unter anderem auch Flammkuchen, „Scharfe Munition" (Hackbällchen mit feuriger Sauce) und „Rodenstock Spezial" (Cognac, schwarzer Kaffee, Zartbitterschokolade, Zigarillo), ein Gedeck, das nach einem Krimihelden von Jacques Berndorf benannt ist. Weitere Pluspunkte: die lauschige Terrasse und das Kleinkunstprogramm.

Fritz-von-Wille-Str. 8, 54578 Kerpen, Tel. 06593 99 69 69, www.daskleine landcafe.de; Mi.–So. 12.00 bis 18.00 Uhr

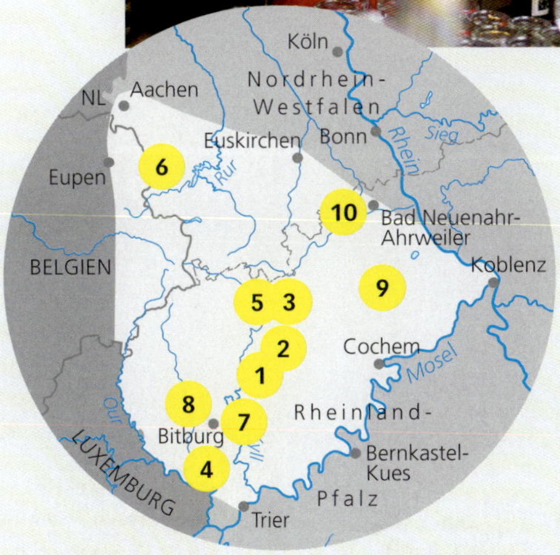

6 Schnabuleum

Der mit Panoramafenstern erweiterte Bruchsteinbau liegt neben der historischen Senfmühle in Monschau und wird ebenfalls von der Familie Breuer geführt. Hier finden sich die Spezialitäten aus der Senfmühle in Senfsaucen, Senfchutneys und anderen Leckereien wieder. Beispielsweise in der Monschauer Senfcremesuppe „Earl of Mostert", dem Eifeler Senfbraten vom Weidemastbullen, dem Rumpsteak vom Eifel-Rind mit Knoblauch-Senf-Butter oder auch der typischen Döppekooche.

Laufenstr. 118, 52156 Monschau, Tel. 02472 90 98 40, www.senfmuehle.de, Mo., Di. geschl.

7 Torschänke Dudeldorf

Im charmanten Bau neben dem alten Stadttor kocht die Chefin. Petra Cillien serviert im Frühjahr Spargel, im Herbst ums Erntedankfest Kartoffelgerichte, im Winter Wild und Gans. Kurzum, die Jahreszeit bestimmt die Karte. Der Saal ist heimelig, die Terrasse lauschig.

Philippsheimer Str. 1, 54647 Dudeldorf, Tel. 06565 20 24, www.torschaenke-dudeldorf.de, Mo., Di., Do.–Sa. ab 17.00, So. nur mittags geöffnet, Mi. Ruhetag

8 Herrmann's

Allein die Terrasse und die historischen Räume in der Wasserburg von Rittersdorf lohnen den Besuch. Die feine Küche von Achim Herrmann tut ein Übriges. Der renommierte Koch bietet regionale Küche und internationale Spezialitäten an, beides auf hohem Niveau.

Bitburger Str. 30, 54636 Ritterdorf, Tel. 06561 9 65 70, www.burg-rittersdorf.de, Mo., Di. geschl.

9 Altes Pfarrhaus

Der stattliche Bau unweit der Kirche, der einmal das Pfarrhaus von Monreal war, wurde als nette Gartenwirtschaft zu neuem Leben erweckt. Motto: Moderne Gastlichkeit in historischem Ambiente. Dafür bürgt die in Australien geborene neue Inhaberin Erika Huisken, deren Großvater Bäcker war.

Kirchstr. 14, 56729 Monreal, Tel. 0176 20 29 21 87, Mi. bis So., Fei. 12.00–18.00 Uhr, www.altes-pfarrhaus-monreal.de

10 Altenwegshof

Die größte Attraktion des Ausflugslokals am Rotweinwanderweg durch das Ahrtal bleibt die Terrasse. Man sitzt beim Schoppen unter Linden, mit Blick auf Streuobstwiesen und Wald. Die zweite Attraktion sind herzhafte Gerichte wie der Winzerteller und Flammkuchen, die dritte die offenen Ahrweine. Was vergessen? Halt, ja, Wein und Wurst, im Herbst auch Zwetschgen und Äpfel gibt es auch im Direktverkauf zum Mitnehmen.

Höhenlage Bunte Kuh, 53474 Walporzheim, Tel. 02641 3 47 53, www.altenwegshof.de, Di. geschl.

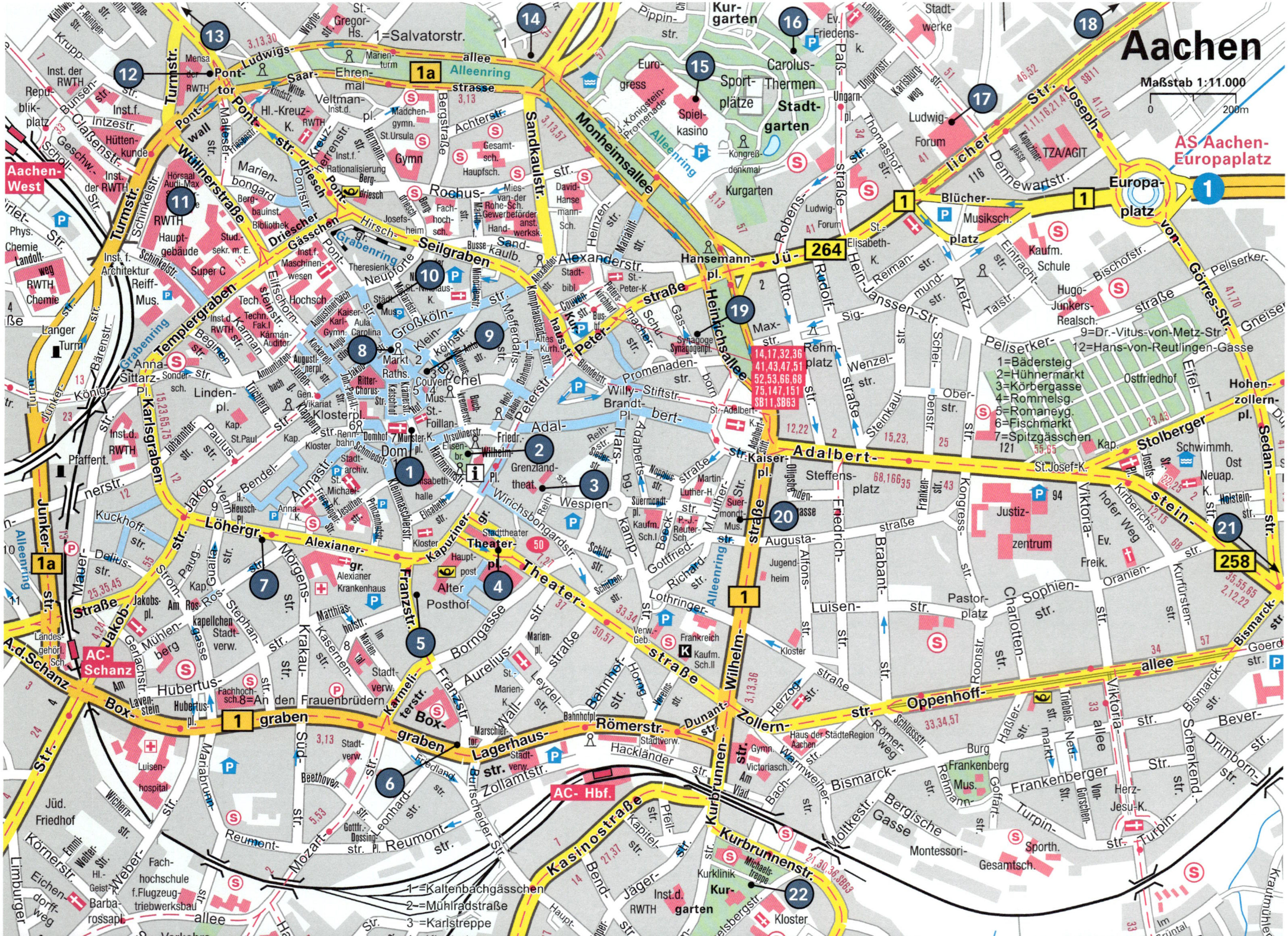
Aachen
Maßstab 1:11.000
0
200m
AS Aachen-Europaplatz
Europaplatz
1=Salvatorstr.
1=Bädersteig
2=Hühnermarkt
3=Körbergasse
4=Rommelsg.
5=Romaneyg.
6=Fischmarkt
7=Spitzgässchen
9=Dr.-Vitus-von-Metz-Str.
12=Hans-von-Reutlingen-Gasse
1=Kaltenbachgässchen
2=Mühlradstraße
3=Karlstreppe
Aachen-West
AC-Schanz
AC-Hbf.
Alleenring
Grabenring
Monheimsallee
Heinrichsallee
Ludwigsallee
Sandkaulstr.
Seilgraben
Templergraben
Wüllnerstraße
Turmstr.
Junkerstr.
Karlsgraben
Löhergraben
Alexianergraben
Boxgraben
Römerstr.
Lagerhausstr.
Zollamtstr.
Kasinostraße
Kurbrunnenstr.
Wilhelmstraße
Theaterstraße
Oppenhoffallee
Viktoriaallee
Adalbertsteinweg
Stolberger Str.
Sedanstr.
Von-Görres-Str.
Jülicher Str.
Josephstr.
Blücherplatz
Peterstraße
Kaiserplatz
Elisenbrunnen
Dom
Markt
Rathaus
Couven Mus.
Suermondt Mus.
Stadttheater
Grenzlandtheat.
Ludwig Forum
Eurogress
Spielkasino
Sport-plätze
Carolus-Thermen
Stadtgarten
Kurgarten
Ostfriedhof
Justizzentrum
RWTH Hauptgebäude
Super C
Alter Posthof
Alexianer Krankenhaus
Luisenhospital
Jüd. Friedhof
Fachhochschule
Frankenberg
Kurklinik
Kloster
TZA/AGIT
14,17,32,36
41,43,47,51
52,53,66,68
75,147,151
SB11,SB63

Alte Stadt, junger Schwung

Der Dom wurde 1978 als erstes deutsches Baudenkmal in die Unesco-Liste des Welterbes aufgenommen. Beim Rundgang in Deutschlands westlichster Metropole (253 900 Einw.) entdeckt man eine zauberhafte Altstadt mit einem attraktiven Shoppingangebot. Und wenn die Beine müde werden, bietet das Thermalbad herrliche Entspannung.

Allgemein

Heiße Quellen standen am Anfang. In ihnen erholten sich bereits die Kelten. Im 1. Jh. n. Chr. eroberten die Römer das heutige Dreiländereck. Und gingen ebenfalls ins heiße Wasser (bis zu 72 °C!). Das an den Quellen gegründete Militärbad nannten sie Aquae Granni. Ob der Stadtname Aachen sich vom lateinischen aquae oder germanischen ahha ableitet, sei dahingestellt. Beides bedeutet Wasser, und dies war für die Stadtgeschichte über Jahrhunderte prägend. Die Römer zogen sich um 400 zurück. Mit Karl dem Großen, der Ende des 8 Jhs. hier eine Pfalz errichtete und den Grundstein zum Dom legte, erlebte Aachen eine frühmittelalterliche Blüte. In Karls Nachfolge wurden von 936 bis 1531 über 30 deutsche Könige in der karolingischen Pfalzkapelle gekrönt. Mit der Heiligsprechung Karls des Großen 1165 setzte der Pilgerstrom nach Aachen ein, das fast zeitgleich durch Kaiser Friedrich I. Barbarossa die Stadtrechte erhielt. 1336 wurde Aachen zur Reichsstadt erklärt. 1414 konnte der gotische Chor des Doms geweiht werden.

In der Neuzeit ging es zunächst bergab: 1531 gab es mit Ferdinand I. die letzte deutsche Königskrönung in Aachen. 1614 wurden die in Handel und Gewerbe kundigen Protestanten aus der Stadt vertrieben. 1656 verheerte ein Brand große Teile der Stadt. Dann erfand sich Aachen als Modebad des 18. Jhs. quasi neu und erhielt ein elegantes Stadtbild in Barock-, Rokoko- und klassizistischen Formen.

Nach Abzug der Franzosen, die 1795–1815 über Aachen herrschten, wurde 1818 der Aachener Kongress zur Friedenssicherung in Europa abgehalten. Der Bergbau vor der Stadt und die Gründung der Rheinisch-Westfälischen Technischen Hochschule 1865 stärkten Aachens Position als preußischer Wirtschafts- und Forschungsstandort. Als Belgien 1919 durch den Versailler Vertrag die Ostkantone (ehem. Kreise Eupen und Malmédy) zugesprochen bekam, rückte die Grenze bis an die Stadt. 1931 wurde Aachen zum Bischofssitz erhoben. Im Zweiten Weltkrieg erlitt die Stadt schwere Zerstörungen. 1950 erfolgte die Verleihung des ersten Internationalen Karlspreises. Seit 1976 gehört Aachen zur damals gegründeten Euregio Maas-Rhein.

Der Hühnermarkt mit dem Couven-Museum (links), Karl der Große auf seinem Brunnen am Markt (rechts)

2014 gedachte die Stadt mit mehreren großen Ausstellungen des 1200. Todestags Karls des Großen. In die Schlagzeilen geriet Ende 2014 das Casino, das zwei Werke von Andy Warhol aus seinem letztendlich öffentlich finanziertem Besitz versteigern ließ. Jährlich besuchen rund 1,3 Mio. Menschen den Dom.

INFORMATION
aachen tourist service, Tourist Info Elisenbrunnen, Friedrich-Wilhelm-Platz, 52062 Aachen, Tel. 0241 1 80 29 50, www.aachen-tourist.de

Sehenswert

ALTSTADT

Der 1 **Dom** **TOPZIEL**, ehemals Hof-, Palast-, und Begräbniskirche Karls des Großen, ist seit 1930 Kathedralkirche des Bistums Aachen (Münsterplatz, www.aachendom.de; April–Dez. tgl. 7.00–19.00, sonst 7.00–18.00 Uhr). Das zentrale Oktogon (vor 800) greift auf byzantinische Vorbilder zurück. Ein sechzehneckiger Umgang (13./14. Jh.) umschließt den achteckigen Kuppelbau, auf dessen Galerie alle sieben Jahre die Aachener Heiligtümer gezeigt werden (wieder 2021). Die Bronzetore am Westbau stammen aus karolingischer Zeit. Unter der Kuppel schwebt der 1165 von Friedrich I. Barbarossa gestiftete Radleuchter. Von 1355 bis 1414 wurde die spätgotische Chorhalle an den Karlsbau gesetzt; dort steht heute der Karlsschrein (1215). Karls Thron auf der Westempore kann nur bei Führungen besichtigt werden (Mo.–Fr. 11.00, 12.00, 13.00, 14.30, 15.30, 16.30 und 17.30, Sa., So. 13.00, 14.00, 15.00 u. 16.00 Uhr). Mitte des 14. Jhs. entstand aus dem verfallenen Palast Karls des Großen das gotische 8 **Rathaus** (Urspr. 14. Jh.; tgl. 10.00–18.00 Uhr). Die Nordfassade prunkt mit Abbildern von 50 Kaisern des Heiligen Römischen Reichs. Innen werden Kopien der Reichsinsignien gezeigt. Historienbilder aus dem 19. Jh. im gotischen Reichs- oder Kaisersaal haben Szenen aus dem Leben Karls des Großen zum Inhalt. Dem Bau gegenüber steht auf dem **Markt** der barocke **Karlsbrunnen** (17. Jh.). Auf der Westseite ist am Fischmarkt mit dem **Grashaus** (1267) der Vorläufer des Rathauses zu finden. Prominentester Bau am Markt ist das **Haus Löwenstein:** Das mittelalterliche Bürgerhaus war Treffpunkt der Zünfte.

Wie viele Aachener Plätze ist auch der dem Markt benachbarte **Hühnermarkt** dreieckig. Geprägt wird er von Bauten im Aachener Rokoko, allen voran **Haus Monheim** (1786; Couven-Museum). Den Platz **Am Hof** zieren Bögen eines nachgebauten römischen Portikus. Am **Büchel** erinnert der Bahkauv-Brunnen (1967) an ein sagenhaftes Quellenungeheuer.
Das ⓬ **Ponttor,** eine Doppeltoranlage mit Urspr. im 13. Jh., ist eins der beiden erhaltenen Stadttore. Vom ❻ **Marschiertor** blieb nur der Hauptbau erhalten.
Der ⓫ Hauptsitz der **Rheinisch-Westfälischen Technischen Hochschule** ist ein Neorenaissance-Koloss von 1870, dem das futuristische universitäre Servicezentrum **SuperC** von 2008 architektonisch Paroli bietet.

KURSTADT

Das elegante Säulenrund des klassizistischen ❷ **Elisenbrunnens** schirmt den 1851 angelegten Elisengarten ab. Viel Grün gibt es auch im ab 1913 angelegten ⓯ **Kurgebiet Monheimsallee.** Als Areal für das damals neu außerhalb der Stadt angelegte Kurareal diente der 1852 von Lenné entworfene **Stadtgarten.** Das Ensemble aus luxuriösem **Kurhotel Quellenhof, Kurmittelhaus** und **Neuem Kurhaus** (heute Casino mit leider schlecht betreuter, durch Verkäufe in jüngster Zeit gebeutelter

Orte der Verführung

Plum's Kaffee, Deutschlands mutmaßlich älteste Kaffeerösterei wurde 1820 gegründet und bleibt für jeden Aachener der Laden, in dem es die besten Bohnen weit und breit gibt. Zum Sortiment des kleinen, feinen Betriebs gehören der handgepflückte äthiopische Kebado-Sidamo-Kaffee oder der brasilianische Cerrado-Expresso, der mit einer schokoladig-nussigen Note verführt.
Seit 1890 lockt das **Café Van den Daele** mit flämischer Gemütlichkeit und hauseigenen Konditoreikreationen. Der Gründer Leo van den Daele stammte aus Gent und war Spross einer alten belgischen Adelsfamilie. Im Gebäude von 1655 verschachteln sich verwinkelte Räume und Treppenaufgänge, die Aachens stimmungsvollstes Café unverwechselbar machen.

INFORMATION

❾ Plum's Kaffee, Körbergasse 14, Tel. 0241 3 30 29, www.plumskaffee.de; Mo.–Fr. 9.00–18.30, Sa. 9.00–17.00 Uhr
❾ Café Van den Daele, Büchel 18, Tel. 0241 3 57 24, www.kockartz.be/van-den-daele; Mo.–Fr. 9.00–18.30, Sa. 9.00–18.00, So. 10.00–18.00 Uhr

Mittelalterliches Erbe: Aachens Ponttor (links). Unesco-Welterbe: Aachener Dom (rechts)

Sammlung moderner Kunst, www.casino-aachen.de) wurde in den 1970er-Jahren um das **Kongresszentrum Eurogress** und 2001 um die ⓰ **Carolus-Thermen** (carolus-thermen.de) ergänzt. Ein zweites, älteres Kurgebiet liegt im Ortsteil ㉒ **Burtscheid.** Rehaklinik, Bäder, Kurgarten und Rheumaklinik werden vom Kuppelgebirge der im Ursprung barocken ehemaligen Abteikirche St. Johann Baptist (um 1755) und der etwa gleichaltrigen wiederaufgebauten Pfarrkirche St. Michael überragt.

Museen

Die ❶ **Domschatzkammer** (Johannes-Paul-II.-Straße; April–Dez. Mo. 10.00–14.00, Di.–So. 10.00–18.00, sonst Mo. 10.00–14.00, Di.–So. 10.00–17.00 Uhr) gilt als reichste kirchliche Schatzkammer nördlich der Alpen: Zu bewundern ist sakrale Kunst aus spätantiker, karolingischer, ottonischer, staufischer Zeit, darunter das Lotharkreuz (um 1000), die Karlsbüste (1349), der Proserpina-Sarkophag (3. Jh. n. Chr.). Das ❾ **Couven-Museum** zeigt bürgerliche Wohnkultur vom Rokoko bis ins Biedermeier. 20 Räume entführen in die Welt an der Wende vom Feudal- zum bürgerlichen Zeitalter (Hühnermarkt 17, www.couven-museum.de; Di.–So. und Fei. 10.00–17.00 Uhr). In noblen Räumen eines Stadtpalais (1888) präsentiert das ⓴ **Suermondt-Ludwig-Museum** mittelalterliche Skulpturen, Malerei der Spätgotik und der Klassischen Moderne (Wilhelmstraße 18, www. suermondt-ludwig-museum.de; Di. bis So. 10.00–17.00 Uhr). Kunst und Kultur der Gegenwart sind im ⓱ **Ludwig Forum für Internationale Kunst** Programm, allen voran amerikanische Pop-Art, deutsche Neue Wilde und russische Avantgarde (Jülicher Straße 97, www.ludwigforum.de; Di., Mi., Fr.–So. 10.00 bis 17.00, Do. 10.00–20.00 Uhr). Das ❿ **Internationale Zeitungsmuseum** illustriert im Haus Rupenstein (1495) mit einer Sammlung von 200 000 Zeitungen aus aller Welt den Siegeszug der Printmedien (Pontstraße 13, www.izm.de; Di.–So. 10.00–17.00 Uhr). Alles über Zöllner und Schmuggler erfährt man im ⓭ **Zollmuseum Friedrichs;** es geht um verbotene Souvenirs aus dem Afrikaurlaub und Kaffeeschmuggel in der Nachkriegszeit (nordw. außerhalb des Cityplans; Horbacher Straße 497, www.zollmuseum-friedrichs.de; Führungen am ersten und dritten So. im Monat 11.00 und 14.30 Uhr).

Unterhaltung

Das ❹ **Theater Aachen** präsentiert nicht nur Schauspiel, Tanz und Oper, sondern ist auch Bühne eines der ältesten Sinfonieorchester Deutschlands (Theaterplatz, Tel. 0241 478 42 44, www.theateraachen.de). Im ❸ **Grenzlandtheater** reicht das Repertoire von der klassischen Komödie über modernes Theater bis zum Musical (Friedrich-Wilhelm-Platz 5, Tel. 0241 4 74 61 11, www.grenzlandtheater.de). Die freie Theaterszene der Stadt besteht aus dem ⓮ **Theater K** in der Bastei (Ludwigsallee 139, Tel. 0241 15 11 55, www.theater-k.de), dem ⓳ **Theater 99/Akut** (Gasborn 9, Tel. 0241 9 29 09 59, www.akut-theater99.de) und dem ⓲ **Da Theater** (außerhalb des Cityplans; Liebigstraße 9, Tel. 0241 16 16 88, www.dasda.de); das Angebot umfasst Kleinkunst, Drama, Kindertheater. Aachener Mundart wird in der ❼ **Stadtpuppenbühne Öcher Schängche** gepflegt – nichts für „Baselemanes" (Snobs) (Barockfabrik, Löhergraben 22, Tel. 0241 4 32 74 17, www.oecher-schaengche.de).

Hotels & Restaurants

HOTELS

Der **€ € € Pullmann Quellenhof** ist Aachens Grandhotel mit schickem Spa, Parkblick und viel Komfort (⓯ Monheimsallee 52, 52062 Aachen, Tel. 0241 9 13 30, www.pullmannhotels.com). Das **€ € Benelux** gilt als gut geführtes Haus in Fußnähe zur Altstadt. Freundlicher Service und moderne Zimmer. Clou ist der Dachgarten (❺ Franzstraße 21, 52064 Aachen, Tel. 0241 40 00 30, www.hotel-benelux.de).

RESTAURANTS

Die Location ist ungewöhnlich – das rundum mit Panoramafenstern verglaste Restaurant **€ € Kohlibri** thront auf dem Dach eines Autohauses. Der Blick ist grandios, die Küche französisch-mediterran (㉑ außerhalb des Cityplans; Neuenhofstraße 160, Tel. 0241 5 86 85 00, www.restaurant-kohlibri.de; Sa. mittags, So. abends und Mo., Di. geschl., So. 11.00–15.00 Uhr Brunch). **€ € Petit Charlemagne** ist ein stylisches Bistro über zwei Etagen eines noblen 1900er-Geschäftshauses. Moderne, französisch und italienisch inspirierte Bistroküche (2 Hartmann- straße 12, Tel. 0241 51 56 07 85, www.restaurant-charlemagne.de. So. geschl.).

Einkaufen

Für große Warenhäuser, Megastores oder die Filialen internationaler Ketten ist die Aachener Altstadt schlicht zu kleinteilig. Rund um Dom, Rathaus und Elisenbrunnen befinden sich die Haupteinkaufsstraßen. Vor allem in der **Krämerstraße** reihen sich Traditionsgeschäfte. Am **Münsterplatz** vermischen sich Boutiquen und Parfümerien mit den Printenfabrikanten. In der **Pontstraße** ist das Angebot auf eine studentische Klientel zugeschnitten.
Seit 1846 gibt es **Pfeifen Schneiderwind.** Champagner und feine Spirituosen, edle Füllfederhalter und feine Lederwaren ergänzen Pfeifen, Tabak, Cigarillos und Zigarren (Lindenplatz 11–12, Tel. 0241 9 43 77 60, www.schneiderwind.de; Mo.–Fr. 9.00–20.00, Do. bis 23.00, Sa. 9.00–18.00 Uhr). Bei **Korb Bayer** ist alles handgefertigt: Einkaufskörbe aus Vollweide, Backschalen aus Peddigrohr, Rosshaarbesen, Rasierpinsel aus Dachshaar, Badebürsten mit Naturborste und Birnenholzgriff (Körbergasse 5, Tel. 0241 3 63 95, www.korbbayer.de; Mo.–Fr. 10.00–18.30, Sa. bis 18.00 Uhr). **Printen Klein** unweit des Marschiertors verkauft seine Backware nicht nur zur Weihnachtszeit. Die Bäckerei bietet auf Anfrage Führungen durch ihre Backstube und das Lager (Franzstraße 91, Tel. 0241 47 43 50, www.printen.de; Mo.–Fr. 6.30 bis 18.30, Sa. 6.30 bis 14.00, Mitte Nov.–Weihnachten Sa. 6.30–18.00 Uhr).

Veranstaltungen

Rheinisch kommt der **Aachener Karneval** daher; medialer Höhepunkt ist die Verleihung des „Ordens wider den tierischen Ernst" (Febr.). Der **Internationale Karlspreis** geht an um die europäische Einigung verdiente Persönlichkeiten (Anf. Juni). Als „Weltfest des Pferdes" rühmt sich **CHIO** – gemeint ist das berühmteste Reitturnier der Welt (Concours Hippique International Officiel, www.chioaachen.de; Juli). Der **Weihnachtsmarkt** genießt ein internationales Renommee (Adventszeit).

Umgebung

Das charmante **Kornelimünster** (6 km südöstl.) schart sich um die 817 geweihte, in ihrer heutigen Fassung gotische Benediktinerkirche. Zur Innenausstattung zählen u. a. Heiligtumskammer und barocker Hauptaltar. In den spätbarocken Bauten der ehem. Reichsabtei zeigt die Staatskanzlei Nordrhein-Westfalen eine Auswahl der Kunstankäufe, die seit 1948 getätigt wurden (www.kunsthaus.nrw.de; Do. bis Sa. 14.00–18.00, So. 12.00–18.00 Uhr, sowie Führungen auf Anmeldung).

Genießen Erleben Erfahren

DuMont Aktiv

Auf der Route Charlemagne

Mit der „Route Charlemagne" schlägt Aachen den Bogen vom Aufstieg der Stadt im 9. Jahrhundert bis ins 21. Jahrhundert. Bei allem Stolz auf die Geschichte versteht sich der Stadtspaziergang als „Weg in die Zukunft", so der programmatische Untertitel.

Seit Anfang 2014 dient das am Katschhof errichtete Centre Charlemagne – Station A des Stadtspaziergangs – als zentrale Anlaufstelle des Rundwegs. Der Katschhof, ein rechteckiger Platz zwischen Rathaus und Dom, markiert das Herz der karolingischen Pfalz, mit Blick auf die Nordseite des Doms (Station C) und die Rückseite des gotischen Rathauses (Station B). Falls einem die Perspektive bekannt vorkommt: Auf dem Katschhof hält der Träger des Karlspreises seine Dankesrede an die „Öcher". Die Bilder von François Mitterrand, Angela Merkel oder vom Direktor der Europäischen Zentralbank Jean-Claude Trichet, tauchen Jahr für Jahr in allen Medien auf. Fortsetzung folgt an Christi Himmelfahrt jeden Jahres, dem Tag der Karlspreisverleihung. Schon im 9. Jahrhundert gehörte zur karolingischen Pfalz eine Hochschule. Konsequenterweise verbindet die Route Charlemagne die Altstadt mit dem Campus der Hochschule RTWH. Der Hauptsitz der Hochschule in einem Neorenaissancebau ist seit 1870 der Nabel des Aachener Forschungsbetriebs (Station F). Als Eyecatcher des Campus aber behauptet sich Station G, das futuristische SuperC. Der Bau der Architektinnen Susanne Fritzer und Eva-Marie Pape beherbergt das Servicezentrum der RWTH. Das Foyer ist frei zugänglich: Wer mit dem Aufzug in die obere Etage fährt, schaut über die gesamte Altstadt inklusive Dom und Rathaus. Mehr Aachenpanorama geht nicht.

Weitere Informationen

Detaillierte Informationen über die Stationen der Route Charlemagne und über die vielen Facetten des Frankenherrschers bietet die Internetseite www.route-charlemagne.eu.

Das monumentale gotische Rathaus Aachens ist nur eine der Stationen der hochinteressanten Route Charlemagne.

früh
Zum Haller
HOTEL
zum
STERN

Über Hochmoore und unter Buchen

Im Norden der Eifel macht sich die Nähe zu den städtischen Ballungsräumen Aachen und Köln bemerkbar. In den Dörfern sind die schwarz-weißen Fachwerkhäuser oft perfekt saniert – um als komfortable Wochenenddomizile genutzt zu werden. Die Höhen sind weniger dramatisch als im Süden, die Natur dafür umso überwältigender. Mit den majestätischen Buchenwäldern des Nationalparks Eifel und der spröden Weite des Hohen Venns locken zwei unvergleichliche Landschaftsbilder.

Malerisch fließt die Rur durch das alte Wollfärber- und Tuchmacherstädtchen Monschau.

Die Eifel besteht noch aus weiten Waldlandschaften – hier bei Dedenborn (oben).
Der Moorpfad Dahlem ist nur einer im weiten Naturpark Hohes Venn (unten).

Die Überreste einer unseligen Zeit:
Panzersperren im Hürtgenwald

Das Hohe Venn ist eine ausgedehnte, karge Landschaft mit intakten Hochmooren und Heidevegetation.

Sonntags im Hürtgenwald. Jogger drehen unweit der „Drei-Kaiser-Eichen“ ihre Runde. An der Wehebach-Talsperre haben Ausflügler die Picknickdecke ausgebreitet. Kaum zu glauben, dass in Aachens grüner Lunge, die zum Nationalpark Eifel gehört, kurz vor Ende des Zweiten Weltkriegs grausame Schlachten tobten. Im dünnbesiedelten, 140 Quadratkilometer großen Waldgebiet an der belgisch-deutschen Grenze hatte die deutsche Wehrmacht im Herbst des Jahres 1944 versucht, den Vormarsch der Alliierten zu stoppen. Noch heute erinnern Panzersperren aus Beton und zerborstene Bunker an das sinnlose Unterfangen. Auf amerikanischer Seite nahmen die Schriftsteller Ernest Hemingway und Jerome David Salinger an der für die US-Streitkräfte längsten Schlacht und einer der verlustreichsten des Zweiten Weltkriegs teil. Von Oktober 1944 bis Februar 1945 fielen auf beiden Seiten Zehntausende. Die Zahl der Verletzten ging in ein Vielfaches.

„In Hürtgen gefroren die Toten, und es war so kalt, dass sie mit roten Gesichtern gefroren“, schrieb Hemingway später. Sprengfallen in den Bäumen und Artilleriebeschuss hatten den Wald in eine apokalyptische Mondlandschaft verwandelt. Noch viele Jahre nach der deutschen Kapitulation war der Hürtgenwald wegen der überall versteckten Minen Sperrgebiet. Im Museum Hürtgenwald wird anhand von Fotos und militärischen Exponaten von der „Luftschutz Hausapotheke“ bis zum amerikanischen Jeep an das Leid erinnert. Das Motto der Dauerausstellung klingt zuversichtlich: Mitten in der Nacht beginnt der neue Tag.

Große Weite, weicher Grund

Unsichtbar, aber mitten durch das Brackvenn und das Mützenicher Venn verläuft die deutsch-belgische Grenze. Beide Moore gehören zum Hohen Venn, einem der ausgedehntesten Hochmoore Europas. Bohlenstege erschließen die

In Monschaus Altstadtgassen lässt sich gut bummeln (oben links). Herausragende Erinnerung an erfolgreiche Zeiten ist das Rote Haus, das im Esszimmer und Treppenhaus großbürgerliche Wohnverhältnisse des 18. Jahrhunderts spiegelt (oben rechts, unten links und unten rechts).

Fachwerk und das Flüsschen Rur säumen Monschaus Marktplatz, auch eines der touristischen Zentren der Eifelstadt.

Monschaus prächtiges Stadtbild verdankt das Rur-Städtchen der Tuchmacherei. Mit dem Aufkommen von Baumwolle war es mit dem Schafwoll-Wohlstand allerdings vorbei.

Moorlandschaft beiderseits der Grenze. Vom Aussichtsturm auf deutscher Seite reicht der Blick über Wildnarzissenwiesen, eiszeitliche Palsen – Weiher mit ringförmigem Wall –, Wollgras- und Torfmoorflächen. Durchs Poleûr-Venn auf belgischer Seite des Deutsch-Belgischen Naturparks Hohes Venn-Eifel kann man sich führen lassen – die Reservierung im Naturparkzentrum von Botrange genügt.

Rita Braun, die diesseits der Grenze im Eifelstädtchen Simmerath wohnt, übernimmt regelmäßig die Führung. Der kleine Grenzverkehr hat im Hohen Venn Tradition und gehört zum Alltag zwischen deutschsprachigen Belgiern in den Ostkantonen und Deutschen in der Eifel. Die über Achtzigjährige, seit 1961 aktiv im Eifelverein und seit 25 Jahren diplomierte Naturführerin, pirscht schnellen Schrittes voraus. Pfeifengräser stecken ihre Pilzkopfbüschel zusammen. Flatterbinsen wogen im Wind. Auf einem Tümpel schimmert ein öliger Film in Regenbogenfarben. „Völlig natürlich, die Färbung kommt vom Schwefel, Eisen und den Huminsäuren im Boden", beruhigt die topfitte Pensionärin. Sprach's und ist schon vom sicheren Holzbohlensteg gehüpft, der den Gang übers Hochmoor erst möglich macht.

Nur ein, zwei Schritte, und der Boden unter ihren Wanderschuhen schwankt bedenklich. Ein paar kräftige Tritte, und die Bewegung geht in ein heftiges Wanken über. Bis zu acht Meter tief reicht die Torfschicht im Poleûr-Venn, das als eine der wenigen Zonen des Hohen Venn ganzjährlich frei zugänglich ist. Rita Braun drückt zur Demonstration einen Ballen Torfmoos in der Hand zusammen. Schon quillt Wasser in dicken Rinnsalen durch ihre Finger. Das Hochmoor ist ein gewaltiger Schwamm und bedeutet für Ortsunkundige im harmlosesten Fall nasse Füße, im schlimmsten Fall jedoch eine tödliche Gefahr.

Architektur-Bilderbuch

Monschau, du hast es besser. Kriege, Stadtbrände und Sanierungswut sind seit über 300 Jahren an dem zauberhaften Städtchen vorbeigegangen. Von keinem Betonkorsett eingezwängt, stürmt die Rur mit lautem Geplätscher vorbei an krummen Fachwerkhauszeilen und hochherrschaftlichen Barockpalais. Fast 300 Häuser stehen hier unter Denkmalschutz. Nur ein berühmtes Künstlerpaar durfte an der Stadt rühren: Christo und Jeanne-Claude haben im Jahr 1971 die Burg hoch über der verschachtelten Dächerlandschaft verpackt.

Naturparklandschaft am Obersee bei Einruhr,
eine landwirtschaftlich geprägte Region

Das 1904 erbaute Heimbacher Kraftwerk zählt zu den intaktesten Industriedenkmälern der Eifel. Was vor über 100 Jahren als technische Sensation gefeiert wurde, verzaubert heute mit der schwungvollen Formensprache des Jugendstils. Das Kraftwerk produziert unverändert Strom. Zu den Konzerten des Kammermusik-Festivals, das seit 1998 in der Turbinenhalle stattfindet, werden aber die Maschinen heruntergefahren. „Spannungen" heißt das Festival in Anspielung auf den Veranstaltungsort.

Dreimal am Tag lassen die Falkner der Greifvogelstation Hellenthal ihre Bussarde, Falken und Adler aufsteigen.

Bis 1918, als Kaiser Wilhelm II. dem Städtchen seinen heutigen Namen verpasste, hieß Monschau noch Montjoie, was wörtlich aus dem Französischen übersetzt „Freudenberg" bedeutet. Von einem Berg ist freilich keine Spur zu finden: Die „Perle der Eifel" drückt sich in eine enge Felsschlucht. Das Wasser der Rur ermöglichte einst den Wohlstand der Bürger. Denn Monschau behauptete sich ab dem 17. Jahrhundert als Tuchmachermetropole. Im 18. Jahrhundert wurde hier aus Spanien importierte Merinowolle in einem aufwendigen Verfahren so perfekt gefärbt, dass die englische und französische Konkurrenz bald das Nachsehen hatte. An die 4000 Arbeiter beschäftigte allein Heinrich Scheibler, Tuchmacher und einst Erbauer des berühmten „Roten Hauses". Das barocke Palais ist einer der unbestrittenen Besuchermagneten von Monschau.

Apropos Besucher: Die Stadt ist auch kulinarisch bestens auf ihre Verehrer eingestellt. Monschauer Senf schmeckt auch dank seiner vielen Geschmacksrichtungen zu jedem Braten, Venn-Brocken – butterweiche Marzipanpralinen – machen auch die müdesten Stadtwanderer wieder munter, und mit Sahne und frischem Obst gefüllte Dütchen – Eierbiskuit-Tüten – stärken für den Tag.

Wasser, Wald und Wildnis

Der Nationalpark Eifel ist einer der jüngeren unter Deutschlands 16 Nationalparks. Seit 2004 wandeln sich unter seinem Schutz die von Menschen geschaffenen Kulturlandschaften der nördlichen Eifel nach und nach wieder zu Buchen-Urwäldern. Bis in die Spätantike bedeckten Buchenwälder fast ganz Mitteleuropa. Einen Eindruck von der majestätischen Schönheit dieser kathedralhohen Wälder bekommt man im Kermeter, dem Herzstück des Nationalparks. Durch die Anpflanzung junger Buchen gewinnt der Laubwald wieder die Oberhand über Douglasien und andere über die Jahrhunderte eingeführte

Nördlich von Mechernich liegt am Veybach die Burg Satzvey. Um 1400 entstanden, erhielt die Burg Ende des 19. Jahrhunderts ihr heutiges Erscheinungsbild.

Burg Satzvey ist über das Jahr ein Ort für vielerlei Veranstaltungen. Die Ritterfestspiele im Frühjahr und Herbst werden einer Burg sicherlich am besten gerecht.

Wegen seiner strategischen Bedeutung als Verbindung zwischen der Moselregion und Köln am Rhein reihen sich die Burgen – zu denen auch Burg Satzvey mit ihrem filmreifen Aussehen gehört.

Nadelhölzer. Über 1300 Käferarten durchkrabbeln wieder den Forst. Und unter den Säugetieren, die hier Schutz finden, gelten die Wildkatzen als besonders selten. Stolz wurden zwei Dutzend der „Eifeltiger" gezählt.

Doch der Park heißt auch den Menschen willkommen. Mehrmals wöchentlich führen Ranger gratis Besucher auf die Spur von Biber, Schwarzstorch und Milan – mit dem gebührenden Abstand zum belauschten Tier, versteht sich. Und an gleich fünf Nationalpark-Toren werden Besucher mit innovativen Ausstellungskonzepten auf die Natur eingestimmt: Die Ausstellung im ehemaligen Bahnhof von Heimbach etwa entpuppt sich als begehbares Hörspiel im Buchen-Labyrinth.

Wasser für Köln

„Dat Wasser vun Kölle es jot", singt die Kölner Mundartband Bläck Fööss – doch das aus der Eifel ist noch besser. Weshalb die Römer das begehrte Nass in einer 90 Kilometer langen Wasserleitung aus dem Mittelgebirge in ihre Gründung am Rhein Colonia Claudia Ara Agrippinensium leiteten. Die erste Quellfassung und damit der Beginn der Leitung liegt in Nettersheim, wo die Brunnenstube aus zum Teil antiken Fundstücken rekonstruiert wurde.

Die Leitung selber taucht knapp 1900 Jahre nach ihrer Errichtung an vielen Orten der Eifel wieder auf. Mal ist es eine weitere Brunnenkammer wie etwa in Kallmuth, aus der die Leitung ebenfalls mit dem begehrten, kalkhaltigen Wasser ergänzt wurde. Mal ist es der rekonstruierte Teil eines Aquädukts, mit dem wie in Vussem ein Tal überwunden wurde. Mal taucht aber auch einfach nur ein klobiges Stück der aus mit römischem Zement verbundenen Hausteinen errichteten Leitung auf, wie etwa bei Breitenbenden, wo man noch gut die Abdrücke der antiken Holzverschalung in dem Tonnengewölbe erkennt. Zur römischen Wasserleitung kommen weitere Spuren der Antike. So kann man in Nettersheim auch den römisch-gallischen Tempelbezirk Görresburg besichtigen.

Wacholder und Orchideen

Südlich von Blankenheim zieht ein Naturschutzgebiet Botaniker von weit her in das Lampertstal. Zu den prominentesten Vertretern der ungewöhnlich reichen Flora gehört das Männliche Knabenkraut, die Orchidee des Jahres 2009, erkennbar an der prachtvollen lila Blüte. Der für das Seitental der Ahr typische Magerrasen und der kalkige Boden lassen an den Südhängen zudem

Zur Niederrheinabteilung im Freilichtmuseum Kommern gehört die ursprünglich 1780 in Cantrup errichtete Kappenwindmühle, ein vergleichsweise moderner Bautyp.

Im Rheinischen Freilichtmuseum Kommern kann man mit der Pferdekutsche durch die Eifel fahren.

Durch den Westerwald im Freilichtmuseum Kommern (oben). Zum gallo-römischen „Heidentempel" gehörte auch ein Mutterheiligtum (unten links). Das 1802 aufgehobene Kloster Steinfeld besitzt mit seiner Basilika einen eindrucksvollen, im Ursprung romanischen Bau (unten rechts).

den Wacholder prächtig gedeihen. Der „Baum des Jahres 2002" gehört zu den Zypressengewächsen. Der oft säulenförmige Wuchs lässt an der Verwandtschaft keinen Zweifel.

Seidelbast, Tollkirsche, Deutscher Enzian, Küchenschelle, Akelei, Knabenkraut, Blaugras, Mädesüss, Pestwurz und Sumpfwurz verwandeln das Lampertstal von April bis Oktober in ein blühendes Pflanzenkonservatorium. Wer sich mehr für die Fauna interessiert, kommt aber mit Sicherheit ebenfalls auf seine Kosten. Blindschleiche, Schlingnatter, Zauneidechse, Bergeidechse, Neuntöter, Heckenbraunelle, Feldlerche und Baumpieper sind im 650 Hektar großen Naturschutzgebiet zu Gast. Macht einen mehr als repräsentativen Querschnitt all dessen, was in der Eifel kreucht und fleucht.

„Wir Rheinländer"

So heißt die große Dauerausstellung im Landesmuseum des Rheinischen Freilichtmuseums Kommern. Alle Regionen der ehemaligen preußischen Rheinprovinz, zu der auch die Eifel gehörte, kommen bei der Zeitreise über eine 150 Meter lange Straße zum Zuge. 50 Nachbauten und ebenso viele Szenarien machen es möglich. Marseillaise, Preußischer Marsch und 1950er-Jahre-Kinderstar Conny Froboess haben musikalisch den Spannungsbogen von der französischen Besetzung 1794 bis zum Wirtschaftswunder gehalten.

Draußen gackern derweil die Hühner, blökt der Esel, muht ein Glan-Donnersberger Rind. Denn im „Bergisches Land", am „Niederrhein" oder im „Westerwald/Mittelrhein" geht es zwischen über 70 historischen und in der Eifel originalgetreu wiederaufgebauten Häusern sehr lebendig zu. Aus der Backstube riecht es nach ofenwarmem Brot – klar doch, der Bäcker ist am Werk. Der Schmied schlägt auf den Amboss ein. Eine Mausefallenkrämerin verspricht Abhilfe bei Nagetierplagen. So lebendig kann ein Museum sein.

NATIONALSOZIALISTISCHES ERBE

Zeitalter auf Vogelsang

Als Bundeskanzler Helmut Kohl den US-Präsidenten Ronald Reagan 1985 auf der Bitburger Kolmeshöhe traf, war der Skandal groß: Unter den auf dem Ehrenfriedhof begrabenen Soldaten liegen auch Angehörige der Waffen-SS. Heute ist die ehemalige NS-Ordensburg Vogelsang ein Ort der Erinnerung, an dem auch die Frage nach der Welt, in der wir gemeinsam leben wollen, gestellt wird.

Die Fackelträgerskulptur in der ehemaligen NS-Ordensburg Vogelsang

Die Ehrung der Toten, die sich mit dem Besuch von Helmut Kohl und Ronald Reagan am 5. Mai 1985 verband, stieß weltweit auf Unverständnis. Auch Angehörige der Waffen-SS hatten in den Konzentrationslagern die Reihen der Bewacher gefüllt. Die Kranzniederlegung ließ vor allem in Amerika die Presseberichterstatter aufschreien. Doch bei näherer Betrachtung entpuppten sich die meisten der 40 unter 2000 gefallenen Soldaten begrabenen Waffen-SS-Mitglieder als blutjunge Verblendete, die mit 17, 18 Jahren ihr Leben für eine längst und zu Recht verlorene Sache ließen. Eine Stele auf der Kolmeshöhe erinnert heute an die Rede von Richard von Weizsäcker zum 40. Jahrestag des Endes des Zweiten Weltkriegs. Der damalige Bundespräsident sprach klar und unmissverständlich von der „Befreiung vom Nationalsozialismus".

Elitäres Leben auf Vogelsang

Mit derselben Geisteshaltung wurde am Urftsee der Umbau der ehemaligen NS-Ordensburg Vogelsang zum „Internationalen Platz Vogelsang ip" vorangetrieben. Der erste Spatenstich für die 100 Hektar große Anlage am Nordufer des Stausees war 1934 erfolgt. Von 1936 bis 1939 wurden auf Vogelsang ausgewählte Parteifunktionäre geschult. Bedingt durch den Zweiten Weltkrieg kamen die Baumaßnahmen 1940 zum Stillstand. Ab 1942 beherbergte der gigantomanische Komplex die als Eliteinternat gedachten Adolf-Hitler-Schulen. 1944 bombardierten die Alliierten die Ordensburg. 1945 besetzte die US-Armee Vogelsang. Bis 2005 wurde das einsame Gelände militärisch genutzt, zunächst 1946 als Truppenübungsplatz des britischen Militärs, dann ab 1950 als „Camp Vogelsang" vom belgischen Militär.

Neuanfang in der Eifeleinöde

Bis zur Übergabe an die Bundesrepublik Deutschland durch die belgische Kommandantur blieb Vogelsang militärisches Sperrgebiet – fast sechs Jahrzehnte lang. Was aber tun mit dem monumentalen Bauerbe, das

Die einstige NS-Ordensburg Vogelsang liegt direkt am Urftstausee.

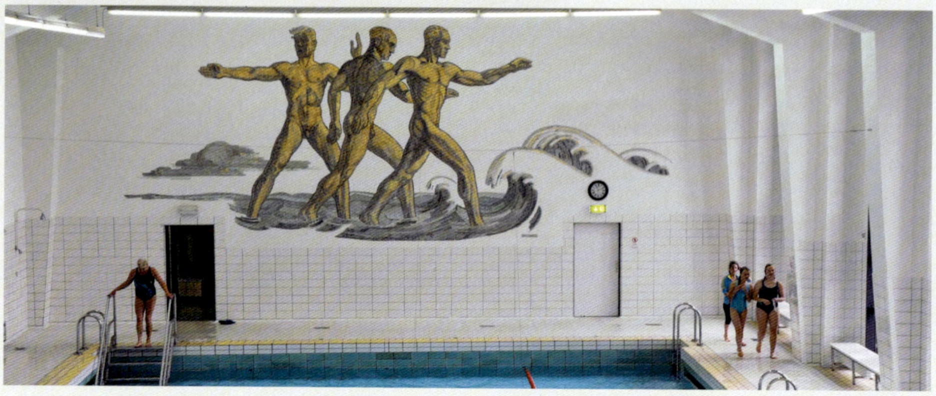

Monumentalität zeigt Vogelsang nicht nur bei den Außenanlagen wie am Sportplatz (oben), sondern auch im Inneren, beispielsweise dem Schwimmbad (unten).

80 Jahre lang dem öffentlichen Blick entzogen worden war? 70000 Quadratmeter Gebäudefläche im Denkmalbereich sind kein Pappenstiel, und die politisch heikle Vergangenheit verlangte nach Fingerspitzengefühl bei jeder weiteren Nutzung. Die Antwort gibt das Konzept „Internationaler Platz Vogelsang". Es verbindet die Auseinandersetzung mit der nationalsozialistischen Vergangenheit und die Nutzung des Geländes als Ausstellungsraum des Nationalparks Eifel.

Um den Neuanfang auch architektonisch umzusetzen, wurde 2016 im ehemaligen „Adlerhof" das moderne, vom Berliner Architekten Henner Winkelmüller entworfene Eingangsgebäude eröffnet. Durch den keilförmigen Pavillon aus Glas und Stahl gelangt man ins Besucherzentrum mit Buchladen. Von hier geht es weiter zur Ausstellung der NS-Dokumentationsstelle „Bestimmung. Herrenmensch", in der die Geschichte der „Ordensburgen", der Alltag auf Vogelsang während der NS-Zeit und die Werdegänge einzelner „Ordensjunker" aufgezeigt werden. In einem anderen Trakt zeigt das Nationalpark-Zentrum Eifel die Erlebnisausstellung „Wildnis(t)räume, die die biologische Vielfalt des Naturraums Eifel mit allen Sinnen erlebbar macht.

Höhepunkt beim Rundgang über das weitläufige Gelände ist das 360°-Panorama vom 48 m hohen Vogelsang-Turm – der Bau war ursprünglich als Wasserturm gedacht. Zu Füßen des Turms prallen nicht nur architektonische Welten aufeinander. Hier die festungsartige Einschüchterungsarchitektur des in den 1930er-Jahren mit der „Ordensburg" beauftragten Kölner Architekten Clemens Klotz (!) mit dem monumentalen Torkomplex. Dazu der „Adlerhof", die in den Hang gestemmten „Hundertschaftshäuser", der „Sonnwendplatz" mit dem 5 m hohen monumentalen athletischen Fackelträger, das in den Hang gestemmte Halbrund der „Thingstätte"... Dort dagegen die schwungvollen Fünfziger-Jahre-Bauten aus belgischer Zeit, allen voran eine Tankstelle und das Kino mit Orchestergraben. Schließlich die aktuelle gläsern-transparente Architektur des Forums, die einen offenen Umgang mit der brisanten Vergangenheit signalisiert.

Fakten & Informationen

Internationaler Platz Vogelsang ip,
53937 Schleiden, Tel. 02444 91 57 90, www.vogelsang-ip.de
Besucherzentrum mit Ausstellungen und Café-Restaurant mit Panoramaterrasse tgl. 10.00–17.00 Uhr; Ausstellungsführungen Sa., So., Fei. 11.00 u. 14.00, 90-minütige Geländeführung Mo.–Fr. 14.00, Sa., So., Fei. 11.00 u. 14.00 Uhr

Nationalsozialistische Skulpturensprache im Adlerhof der ehemaligen NS-Ordensburg Vogelsang

AACHEN
STOLBERG (Rheinland)
DÜREN
Kreuzau
Vettweiß
Weilerswist
Hürtgenwald
NIDEGGEN
ZÜLPICH
EUSKIRCHEN
HEIMBACH
Raeren
Roetgen
Simmerath
Rurberg
MONSCHAU
Naturpark
Nationalpark Eifel
MECHERNICH
BAD MÜNSTEREIFEL
Kall
SCHLEIDEN
Hellenthal
Hohes Venn
Nettersheim
Blankenheim
BELGIË BELGIQUE
Hautes-Fagnes
Bütgenbach
Büllingen
Waimes
Eifel
1
2
3
4
5
6
Maßstab 1:225.000

Hinaus in die Wälder

Als Wochenendziel für die nahen Aachener, Kölner und Bonner hat die Nordeifel leichtes Spiel. Die ersten Burgen, Fachwerkdörfer und Wanderwege beginnen quasi vor den Toren der drei Großstädte. Mit den größten Seen der Eifel, dem Nationalpark und dem Hohen Venn, verfügt der Norden zudem über gleich drei große Attraktionen.

1 Monschau

Die Lage, der an Sehenswürdigkeiten reiche Ortskern und der prall gefüllte Veranstaltungskalender machen's: Das 800-jährige Monschau (12 450 Einw.) hat ganzjährig Konjunktur.

SEHENSWERT

Von der **Burg Monschau** (weitgehend 14. Jh.; heute Jugendherberge, nur Außenbesichtigung) hat man einen schönen Blick über die **Altstadt** TOPZIEL. Das **Rote Haus** wurde 1760 als Wohn- und Geschäftshaus des Tuchmachers und Kaufmanns Johann Heinrich Scheibler erbaut; zu den Höhepunkten im original erhaltenen Palais zählen die Rokoko-Treppe, das Herrenzimmer und die Salons (Laufenstraße 10, www.rotes-haus-monschau.lvr.de; Ostern–Nov. Di.–So. Einlass jeweils zur vollen Stunde 10.00, 11.00, 14.00, 15.00 und 16.00 Uhr). 150 Jahre Braukunst passieren im **Brauerei-Museum** Revue – dazu gehört der Besuch des Felsenkellers und des Biergartens (St. Vither Straße 22, www.brauerei-museum.de; Di.–So. 11.00–18.00 Uhr). Senfmüller Guido Breuer stellt in seiner **Historischen Senfmühle** 22 Sorten Senf her (Laufenstraße 118, Tel. 02472 22 45, www.senfmuehle.de; Besichtigung März–Okt. Mi. und Fr. 11.00 und 14.00, Verkauf Mo.–Sa. 8.30–18.00, So. und Fei. 10.00–18.00 Uhr).

HOTELS UND RESTAURANTS

Den Blick auf die wildromantische Rur und über die Altstadt gibt es im **€ € Bürgerhaus** gratis. Und die Zimmer in dem restaurierten Fachwerkbau sind erschwinglich (Stehlings 8, 52156 Monschau, Tel. 0151 19 40 22 57, www.hotel-buergerhaus-monschau. de). Die Besitzer betreiben auch das **€ Café Hüftgold:** tolle Kuchen, Trinkschokolade, Wildgerichte (Stadtstraße 14, Tel. 02472 9 70 50 34; Mi geschl.). Neben der Senfmühle feiert die Karte des **€ € Schnabuleum** mit Saucen, Chutneys und Krusten die Spezialitäten aus dem Familienbetrieb. (Laufenstraße 118, Tel. 0247 2 90 98 40, www.senfmuehle.de; Mo geschl.).

VERANSTALTUNGEN

Das Festival **Monschau Klassik** bietet auf der Burg Oper, Operette, Musical u. a. (www.monschau-klassik.de; Aug.). Der **Weihnachtsmarkt** lockt an Adventswochenenden in die Altstadt (www. monschauer-weihnachtsmarkt.de).

UMGEBUNG

Ausgedehnte Buchenwälder sind das Kennzeichen des **Hürtgenwalds.** Der Forst lädt zum Wandern im deutsch-belgischen Grenzgebiet ein (www.huertgenwald.de).
Die meteorologischen Daten sind ernüchternd: An durchschnittlich 170 Tagen im Jahr werden Niederschläge im **Hohen Venn** TOPZIEL verzeichnet, an 76 Tagen fällt Schnee, an 115 Tagen herrscht Frost. Doch dafür entschädigt die Weite des Hochmoors: Über Bohlenstege geht es durch Wollgras und über torfbraune Tümpel. Der Deutsch-Belgische Naturpark Hohes Venn-Eifel schützt das Gebiet beiderseits der Grenze (www.naturpark-eifel. de). Geführte Wanderungen organisiert auf belgischer Seite das Centre Nature/Naturparkzentrum Botrange (Robertville, Route de Botrange 131, Tel. 0032 80 44 03 00, www.botrange.be).

INFORMATION

Monschau Touristik, Stadtstraße 16, 52156 Monschau, Tel. 0247 28 04 80, www.monschau.de

2 Heimbach

Kultur und Natur, so lautet das Erfolgsrezept des Luftkurorts am Rursee (4500 Einw.). Denn Heimbach ist zugleich Musikfestivalort und Tor zum Nationalpark Eifel.

SEHENSWERT

Burg Hengebach (nur Außenbesichtigung) ruht auf einem Fels über der Rur und dem Ort. Die 1904 restaurierte mittelalterliche Anlage beherbergt ein Restaurant mit Terrasse (www. burgrestaurant-kochkunst.de). Zu Füßen der Burg empfängt die **Internationale Kunstakademie** (www.kunstakademie-heimbach.de). Im **Wasser Info-Zentrum Eifel** erfährt man alles über einen der größten Naturschätze der Eifel – das Wasser. Wie man dessen Kraft nutzt, kann man an einer Miniatur-Stauseeanlage ausprobieren (Karl-H.-Kirscher-Platz 1, www. wasser-info-zentrum-eifel.de; Di.–So. 14.00 bis 17.00, Führung So. 14.30–15.30 Uhr).
Das **Kraftwerk** am Rursee (1904) ist ein eleganter Jugendstilbau (Hasenfeld; Führungen auf Anfrage Di., Do., Sa., So. 10.00 und 14.00 Uhr, kostenlose Hotline Besucherdienst RWE Power, Tel. 0800 8 83 38 30, www.rwe.com).

Das Wasserkraftwerk Heimbach (ganz oben). Der Rursee (oben) ist bei Wassersportlern jeder Art sehr beliebt.

UMGEBUNG

Nideggen (nördl.) gilt als nördliches Tor der Eifel. Die Burg (Urspr. 12. Jh.) über der Rur lockt Besucher mit einem über 60 m langen gotischen Rittersaal, Burgmuseum und Burgrestaurant (www.burgrestaurant-nideggen.de). Die im Hohen Venn bei Botrange entspringende Rur ist zum zweitgrößten Stausee Deutschlands aufgestaut (knapp 8 km²): Der **Rursee** setzt sich dank Obersee und Urfsee als Seenplatte mit reichem Wassersportangebot fort (www.rureifel-tourismus.de). In der Tiefe der Buchenwälder des Kermeter verbirgt sich die **Abtei Mariawald** (südl.); das Trappistenkloster soll nach über 500-jähriger Geschichte noch 2018 geschlossen werden. Derzeit leben noch zehn sehr betagte Mönche in dem Kloster (www.kloster-mariawald.de). Ebenfalls im **Nationalpark Eifel** TOPZIEL (www.nationalpark-eifel.de; 10 700 ha Fläche) ist das **Forum Vogelsang** zu finden (siehe S. 54), heute Gedenkstätte.

INFORMATION
Nationalpark-Tor Heimbach/Rureifel Tourismus-Zentrale, An der Laag 4, 52396 Heimbach, Tel. 02446 8 05 79 14, www.heimbach-eifel.de, www.rureifel-tourismus.de

3 Bad Münstereifel

„Hochschulstadt" ruft es vom Ortsschild, denn die nordrheinwestfälische Fachhochschule für Rechtspflege hat in dem im 12. Jh. aus einer Klostersiedlung entstandenen Kneipp-Heilbad ihren Sitz. Seit jüngstem versucht Bad Münstereifel (18 500 Einw.) sein wirtschaftliches Glück als erstes deutsches „City Outlet-Center".

SEHENSWERT
Die vielen Brücken über die Erft verleihen dem Kurort einen besonderen Charme. Von den vier erhaltenen **Stadttoren** (Urspr. 13. Jh.) lohnt das Werther Tor wegen des darin eingerichteten Natur- und Landschaftsmuseums einen Besuch (Mai–Sept. So. und Fei. 14.00–17.00 Uhr). In einem romanischen Haus von 1167 zeigt das **Hürten-Museum** Exponate des 14. bis 20. Jh., die das Leben der Stiftsherren, die hier zuhause waren, illustrieren (Langenhecke 6; Sa. und So. 11.00–17.00 Uhr). Die Einrichtung der ebenfalls zum Museum umgewidmeten **Schwanen-Apotheke** stammt aus napoleonischer Zeit (Werther Straße 13; Di.–Fr. 14.30 bis 17.00, Sa., So. und Fei. 11.00–16.00 Uhr). Das gotische **Rathaus** an der Marktstraße vereint zwei Bauten: links ein Treppengiebel (15. Jh.), rechts ein Untergeschoss mit übermannshohen Figuren an der Fassade (16. Jh.). Die **Basilika St. Chrysanthus und Daria** überragt ein mächtiges Westwerk, flankiert von zwei Rundtürmen aus dem 11. Jh.

UMGEBUNG
Das **Rheinische Landesmuseum Kommern** TOPZIEL vereint fünf Baugruppen, die das einstige dörfliche Leben in Nordrhein-Westfalen lebendig werden lassen, und das Landesmuseum (www.kommern.lvr.de; April–Okt. tgl. 9.00 bis 19.00, sonst 10.00–17.00 Uhr).
2007 stiftete Herrmann-Josef Scheidtweiler seinem Heimatort **Wachendorf** (nördl.) die nach Plänen von Peter Zumthor errichtete Bruder-Klaus-Feldkapelle (www.feldkapelle.de; Sommer 10.00–17.00, Winter 10.00–16.00 Uhr).

INFORMATION
Städtische Kurverwaltung, Kölner Straße 13, 53902 Bad Münstereifel, Tel. 0225 3 54 22 44, www.bad-muenstereifel.de

Tipp

Frühlings-erwachen

Ab Ende März verwandelt die Wildnarzissenblüte in den Naturschutzgebieten Perlenbachtal bei Höfen (südl. Monschau), im Fuhrtsbachtal und im oberen Oleftal die Wiesen in ein gelbes Blumenmeer. Die Wildnarzissenwiesen sind ein fragiles Ökosystem. Die NRW-Stiftung unterstützt ihren Schutz. Sie hat inzwischen mehr als 70 ha Land erworben und auf über 35 ha standortfremde Fichtenwälder entfernt, um den lichtliebenden Narzissen einen geeigneten Lebensraum zu schaffen.

In Wachendorfs Bruder-Klaus-Kapelle (oben) fällt das Licht durch ein Deckenloch und lässt 350 in die Innenwand eingelassene Glaspfropfen schimmern (links).

Die Bruder-Klaus-Feldkapelle ist ein Meisterwerk der Moderne, 12 m hoch und von außen aus nacktem Beton.

4 Blankenheim

Mitten im gut erhaltenen historischen Zentrum entspringt die Ahr. Eine Burg gibt es natürlich auch, Fachwerkhäuser ebenso. Und: Blankenheim (1800 Einw.) ist Karnevalshochburg.

SEHENSWERT
In der Nähe der fachwerkseligen Gasse Zuckerberg ist die **Ahrquelle** in einem Kellerquellhaus gefasst. Die mehrmals zerstörte **Burg** der Herren von Blankenheim (Urspr. 12. Jh.) wird wiederaufgebaut seit 1936 als Jugendherberge genutzt (www.jugendherberge.de/de-de/jugendherbergen/blankenheim437/portraet; Burghof zugänglich). Das **Eifelmuseum** ist im Gildehaus (dörfliches Leben im 18. und 19. Jh., Museumsladen mit Eifeler Produkten) und im ehem. Hotel „Zur Post" (Bibliothek) gegenüber untergebracht (Ahrstr. 55, www.eifelmuseum-blankenheim.de; Sommer Mo.–Do. 10.00–16.00, Fr. 10.00–17.00, Sa., So. 11.00–15.00, sonst Mo. bis So. 11.00–14.00 Uhr).

UMGEBUNG
Unweit von Ahrhütte (südöstl.) lohnt das **Lampertstal** einen Besuch. Auf einer Wanderung sieht man Wacholderbüsche und seltene Orchideen – das Tal ist Deutschlands drittgrößtes zusammenhängendes Wacholdervorkommen. Im nahen **Alendorf** wird im Aug. ein Wacholderfest gefeiert (www. wacholderfest.de).

INFORMATION
Tourist-Information, Ahrstraße 55, 53945 Blankenheim, Tel. 0244 8 72 22, www.blankenheim.de

5 Nettersheim

Das Fachwerkdorf an der Urft (1800 Einw.) trägt den Beinamen „Naturerlebnisdorf".

SEHENSWERT
Von der Besiedlung durch die Römer künden das Matronenheiligtum Görresburg, ein Stück einer antiken Fernstraße und das Quellbecken

Grüner Pütz, aus dem sich die antike Wasserleitung nach Köln speiste.

UMGEBUNG

Sehr gut erhalten ist **Kloster Steinfeld** (westl.). Die romanische Pfeilerbasilika geht auf das 12. Jh. zurück, deren originale Fresken, barockes Chorgestühl, barocker Altar und König-Orgel kostbare Kunstschätze sind. Der Kreuzgang (1495–1557) besitzt ein quadratisches Brunnenhaus. Das von Salvatorianern bewohnte Kloster bietet ein Gästehaus, Café und einen Klosterladen (www.kloster-steinfeld.de). Die Geschichte der **Wildenburg** ist mit der des Klosters Steinfeld verbunden: 1715 kaufte die Abtei die Burg und baute den Palas zur Kirche um. Die nie zerstörte Höhenburg wird heute als Veranstaltungsort und Greifvogelwarte betrieben (www.v-wildenburg.de).

AKTIVITÄTEN

Das **Naturzentrum Eifel** (Urftstraße 2, Nettersheim, Tel. 02486 12 46, www.naturzentrum-eifel.de) veranstaltet ganzjährig Seminare und Workshops (hauptsächlich für Gruppen), auf denen man z. B. erfährt, wie unsere Vorfahren ihre Hütten im Wald gebaut haben.

HOTEL

Neustart für den 1857 erbauten **€ € Nettersheimer Hof:** Die von der Filmarchitektin Michaela Schuhmann umgestalteten Designzimmer heißen „Blackberry" oder „Basic Green". Nicht zu vergessen: der Biergarten (Bahnhofsstraße 5, 53947 Nettersheim, Tel. 02486 309, www.nettersheimerhof.de).

INFORMATION

Tourist-Information, Urftstraße 2–4, 53947 Nettersheim, Tel. 0248 6 12 46, www.nettersheim.de

6 Hellenthal

Rund um Hellenthal (8300 Einw.) blühen im Frühjahr die Wildnarzissen. Im Westen erhebt sich die knapp 60 m hohe Staumauer der Oleftalsperre: Der Stausee lädt zum Wandern ein.

SEHENSWERT

Greifvogelstation und **Wildfreigehege** sind Heimat u.a. von Rotwild, Wildschweinm und Wildkatze. Dreimal tgl. lassen Falkner Bussarde, Falken und Adler aufsteigen (www.greifvogelstation-hellenthal.de; April–Okt. 11.00, 14.30 und 16.00, sonst 11.00 und 14.30 Uhr).

UMGEBUNG

Das malerische **Burgdorf Reifferscheid** (Urspr. 12. Jh.; www.reifferscheid-eifel.de), Ortsteil von Hellenthal, ist u.a. dank Stadtmauer, gotischem Stadttor und Burgruine eine eigene Anreise wert.

INFORMATION

Tourist-Information, Rathausstraße 2, 53940 Hellenthal, Tel. 02482 8 51 15, www.hellenthal.de

Genießen Erleben Erfahren

DuMont Aktiv

Über den Rursee

Die Nordeifeler Seenplatte aus Rursee, Obersee und Urftsee fasst 250 Mio. Kubikmeter Wasser – und ist ein Dorado für jeden Wassersportler. Hinzukommt die Rur selbst: Zwischen Obermaubach und Heimbach lädt der Fluss zum Kanuwandern ein.

Paddler, ob im Kanu, Kajak oder auf dem Stand Up Board, sind auf dem Wasser aber natürlich nicht allein. Die Ausflugsschiffe der „Rursee Schifffahrt" – auf dem Rursee sind es die „Stella Maris" und die „Aachen", auf dem Obersee die „Eifel" und die „St. Nikolaus" – schippern von März bis Oktober von Ufer zu Ufer. Zudem haben tausend Segler am Rursee ihren geschätzten Heimathafen.

Neu im Wasserballett von Ausflugsschiffen, Kanus und Segeljollen sind sogenannte Stand Up Boards. Das Paddeln im Stehen stammt ursprünglich aus Südostasien und hat als neuer Trendsport mittlerweile auch in der Eifel zahlreiche Fans. Am Beach Club Eifel in Eschauel werden sogar romantische Stand-Up-Paddel-Events organisiert: Bei Vollmond geht es vor der Kulisse des coolen Strandclubs hinaus aufs silbrig glitzernde Wasser.

Weitere Informationen

Auskünfte: Rursee-Touristik, Seeufer 3, 52152 Simmerath, Tel. 02473 9 37 70, www.rursee.de. Genauere Informationen gibt es auf www.rursee-mein-revier.de mit Angaben zum Wassersport am Rursee, zu Segeln, Surfen, Angeln, Tauchen, Rudern und Schwimmen.

Schifffahrt: Rursee Schifffahrt, Schwammenauel, 52396 Heimbach, Tel. 02446 4 79, www.rurseeschifffahrt.de

Stand Up Paddeln: Beach Club Eifel, Eschaueler Weg 99, 52385 Nideggen, Tel. 02474 9 97 85 74, www.beachclubeifel.de

Eine Kanuwanderung auf der Rur ist eine romantische und meist etwas einsamere Alternative zum Wassersport auf der aus Rursee, Obersee und Urftsee bestehenden Seenplatte.

Land zwischen den Flüssen

Rhein, Ahr und Mosel nehmen die Osteifel in die Zange. Über weite Strecken rollt die Landschaft in sanften Hügeln und endlosen Feldern einher. Dann kracht es kräftig. Die Erde tut sich auf. Im Vulkanpark zwischen Mayen und Mendig brechen Vulkane aus – zumindest in der computeranimierten Demonstration.

Mayschoß mit seiner neuromanischen Pfarrkirche liegt inmitten der Ahrtal-Weinberge.

Der Rotweinwanderweg im Ahrtal führt auch in Mayschoß
mitten durch die Weinberge hindurch.

Ein wirklich ganz besonderes Umfeld für Weinproben: historischer Keller
der Winzergenossenschaft in Mayschoß

Alles Schaffen im Weinberg ist besonders in Zeiten der Lese harte Knochenarbeit – ganz besonders in steilen Lagen wie denen bei Walporzheim.

Trotz seiner nördlichen Lage kann das Ahrweinbaugebiet dank seines Mikroklimas mit besonders guten Qualitäten aufwarten.

Zunächst die gute Nachricht: 1500 Sonnenstunden im Jahresmittel und wärmespeichernde Schieferhänge bilden an den Hängen und Steilterrassen der Ahr hervorragende Voraussetzungen für Spät- und Frühburgunder, Portugieser, Dornfelder und Domina. Das Klima ist hier so ungewöhnlich warm, dass an die 85 Prozent aller Weinberge am Fluss mit Rotweinsorten bepflanzt sind. Mit nahezu zwei Dritteln aller Reben ist der Spätburgunder König. Die Einzellagen sind teilweise allerdings sehr klein: Mit gerade einmal 0,68 Hektar gilt die „Walporzer Gärkammer" sogar als kleinste Einzellage Deutschlands. Womit wir zur schlechten Nachricht kommen: Zum Bedauern aller Rotweintrinker umfasst das Anbaugebiet an der Ahr nur rund 540 Hektar. Entsprechend flott sind manche Jahrgänge ausverkauft.

Die Qualität der Rotweine kann problemlos auch international mithalten. 2008 kürte beispielsweise das britische Weinmagazin Decanter einen Spätburgunder vom Dernauer Weingut Meyer-Näkel zum besten Spätburgunder der Welt. Werner Näkel war der Wegbereiter einer wahren Rotweinrevolution im deutschen Weinbau. Mit Ahr-Winzern seines Formats, zu dem auch der 2013 früh verstorbene Jean Stodden zählte, hielten das Barriquefass und Blanc de Noir, ein aus roten Trauben gekelterter weißer Wein, Einzug in hiesige Keller. Die Skala ist auch bei den international erfolgreichen Spitzenwinzern von der Ahr breit gefächert. Ein süffiger „Us de la Meng" von Meyer-Näkel ist im Supermarkt für um die zwölf Euro zu haben, ein Spätburgunder „Alte Reben" von Jean Stodden gehört mit beachtlichen 150 Euro zu den teuersten deutschen Weinen.

Neben dem halben Dutzend im Verband Deutscher Prädikatsweingüter organisierter Winzer an der Ahr, die mit Spitzenweinen und in guten Jahren mit „Großen Gewächsen" brillieren, gibt es ebenfalls eine Reihe von Weingütern, die im das Portemonnaie schonenden Mittelfeld angesiedelt sind. Die Winzergenossenschaft Mayschoß-Altenahr gehört zweifelsfrei dazu. Deutschlands älteste Winzergenossenschaft, im Jahr 1868 gegründet, lockt mit Besichtigungsmöglichkeit der historischen Gewölbekeller, einem Weinmuseum und natürlich mit Weinproben im schicken Verkaufsraum.

Rheinische Romanik

Erhabener kann die Lage kaum sein. Über dem Laacher See erhebt sich seit rund 800 Jahren die sechstürmige Sil-

Der Winzerort Ahrweiler zeigt in seinem Zentrum noch eine Vielzahl von traditionellen Bauten – in der Arhutstraße beispielsweise (links) und am Marktplatz das barocke Alte Rathaus (rechts).

Über 50 Jahre war Bad Neuenahr Bundeswehrstandort. Seit Ende 2013 sind Uniformen nunmehr Ausnahme im Straßenbild – wie hier vor dem Kurhaus.

Blankenheims Ortsbild wird von der über 800 Jahre alten Burg beherrscht, heute eine stimmungsvolle Jugendherberge. Interessant ist der Ort auch durch die Ahrquelle – der Fluss entspringt im Kellergewölbe eines Fachwerkhauses.

houette der Abteikirche Maria Laach, die zu den Höhepunkten der Romanik im Rheinland zählt. Am Westwerk beeindruckt das „Paradies", eine kreuzgangähnliche Vorhalle mit reich verzierten Kapitellen. Das cremefarbene Steingebirge steht im farblichen Kontrast zum dunklen Laacher See, der vulkanischen Ursprungs ist. Auch die Sinziger Pfarrkirche St. Peter steht an prominenter Stelle – über der Mündung der Ahr in den Rhein. Der rot-weiß gefasste Bau gilt als Paradebeispiel der rheinischen Stauferromanik. Der Chor verweist mit deutlichen architektonischen Parallelen nach Münstermaifeld, wo ab 1225 mit dem Chor des Münsters St. Martin und St. Severin begonnen wurde. Abgesehen vom Westwerk, das von einem Vorgängerbau aus dem späten 11. Jahrhundert übernommen wurde, kündigt sich bei Langhaus und Querschiff bereits der Übergang zur Gotik an. Die ganze Bandbreite der rheinischen Romanik wäre damit in diesen drei Bauwerken abgedeckt.

Alle Mann unter die Erde!

In der Eifel sollten zwei Atombunker im Falle eines nuklearen Gaus den Fortlauf der Regierungsgeschäfte garantieren. Der Regierungsbunker im Ahrtal war für die Bundesregierung, der Ausweichbunker bei Kall-Urft für die Landesregierung von Nordrhein-Westfalen vorgesehen. Heute dienen beide Anlagen als Ausflugsziele.

Bei der Besichtigung wird dem Besucher eines sofort klar. So idyllisch hätte man den Ernstfall auch gern verbracht: Über den Stollen des ehemaligen Regierungsbunkers steigen die Reben sanft an. Nur einen Steinwurf entfernt duckt sich die Klosterruine Marienthal in ein enges Seitental der Ahr. Der Ernstfall trat glücklicherweise nie ein – und die Regierung zog schließlich vom nahen Bonn ins ferne Berlin. Zurück blieb der Bunker in den Reben, der auf 203 Metern Länge als „Dokumentationsstätte Regierungsbunker" besichtigt werden

„Der Name der Rose" lässt grüßen – Maria Laach war mit seiner Bibliothek schon immer ein Zentrum geistigen Lebens und mit seiner Abteikirche ein herausragendes Beispiel rheinländischer Romanik.

Seit 855 gibt es ein Gotteshaus in Sinzig. Die heutige Stadtpfarrkirche St. Peter wurde in der ersten Hälfte des 13. Jahrhunderts errichtet und 1863/1864 restauriert. Eine Sehenswürdigkeit ist der Hochaltar von 1480.

kann. Hinter dem Eingang aus rotbraunem Stahl und nacktem Beton verbergen sich 25 Tonnen schwere Tore, eine Kommandozentrale, die einem Science-Fiction-Film aus den 1970er-Jahre alle Ehre machen würde, Schlafsäle mit einfachen Feldbetten sogar für Minister und hohe Staatsbeamte – allein für den Bundespräsidenten war ein eigener Schlafraum vorgesehen.

Der Ausweichsitz der Landesregierung Nordrhein-Westfalens wurde in den 1960er-Jahren unweit des Klosters Steinfeld in der Nähe des Eifeldorfs Urft gebaut. Über beinahe 30 Jahre lang wurde er betriebsbereit gehalten. Und auch seine Existenz unterlag natürlich allerstrengster Geheimhaltung. Zentrale Türsteuerung in Mausgrau und Pumpen in Industriegrün versprühen auch hier den sachlich-spröden Charme des Kalten Kriegs. Familie Röhling, die heutigen Besitzer, sorgt dafür, dass alles beim Alten bleibt und auf Führungen zu besichtigen ist.

Drei Farben, drei Steine

Schwarz, beige und rot sind die Orte der Osteifel, genau wie die Steine, die man in der Region findet: Basalt, Tuff und Krotzen. Orte wie Mendig oder Bell kommen düster und unverwüstlich daher, und zeugen vom reichen Basaltvorkommen vor ihren Toren. Tuffsteinblond ist hingegen Weibern mit Tuffsteinbrüchen direkt am Ortsrand. Dort zeigen die örtlichen Steinmetze mit dem „Weiberner Schaufenster“ in einer Art Open-Air-Leistungsschau, was sie können: Kamine, Fensterstürze, Säulen. Wehr hat von allen drei Farben etwas. Krotzen, poröse Lavaschlacken, ergänzen den Farbdreiklang um rote Töne. Im „roten“ Boos wurden hingegen die meisten Häuser und Ställe aus Krotzen gebaut.

Fruchtbarer Boden

Rund um Münstermaifeld zeigt sich die Eifel als bunter Flickenteppich aus Getreide- und Kartoffeläckern bis zum Horizont. Die fruchtbaren Böden gelten als Heimat der besten Kartoffeln weit und breit. Überall kann man „Maifelder Kartoffeln“ direkt vom Hof kaufen. Im Herbst setzen dann Restaurants die Erdäpfel auf die Karte, und das Kartoffelfest in Mörz lockt Massen.

Jetzt sollte man herfahren! Denn im Herbst, wenn alle Kartoffeln ausgegraben, Weizen und Gerste abgemäht sind, erinnert die 400 Meter über Normalnull gelegene Hochebene an eine afrikanische Savanne. Die weit verstreut liegenden Höfe sehen nun aus der Ferne wie Farmen aus, die fahlgoldenen Stoppelfelder wie eine Steppe. „Eifelsteppe“ wird das Maifeld im Volksmund auch genannt.

Weithin sichtbar ragt das Münster von Münstermaifeld auf und beherrscht mit seinem zinnengekrönten Westwerk aus dem 12. Jahrhundert das Städtchen, eine echte Burg Gottes mit reicher Ausstattung am weiten, kopfsteingepflasterten Vorplatz. Im Schatten des Martin und Severus geweihten Münsters gedeiht Nostalgie auf fruchtbarem Boden. Diesen ganz besonderen Boden zu bestellen, hat sich Wilhelm Kirschesch zur Lebensaufgabe gemacht. Der Direktor des „Heimat- und Erlebnismuseums“ in der alten Propstei von Münstermaifeld sammelt deshalb Alltagsgegenstände aus dem 19. und 20. Jahrhundert. Im Museum hat er aus seinem Fundus einen Damenhutladen, einen Kolonialwarenladen, einen Frisörsalon und vieles mehr originalgetreu ausgestattet. Eine im Ortskern zu besichtigende, 1937 geschlossene ehemals jüdische Metzgerei dient als Außenstelle des Museums. Ganz zu schweigen vom „Nostalgikum“ in Uersfeld, dem Geburtsort von Herrn Kirschesch, wo eine Kneipe im sepiabraunen Ton der 1950er-Jahre inklusive Münzfernseher und Music Box eingerichtet ist. Das Dorf liegt allerdings nicht mehr auf dem Maifeld. Einerlei.

Burg Eltz ist eine sogenannte Ganerbenburg, die sich mehrere Adelsfamilien teilten. Bei einer Burgführung ist der Rübenacher Obersaal, das Schlafgemach der Rübenacher Linie, mit einem eigenen Kapellenerker zu sehen.

Das Schreibzimmer im Rübenacher Haus der Burg Eltz erhielt seine Ausstattung 1881.

An den Rübenacher Obersaal schließt auf Burg Eltz dieses Ankleidezimmer an.
Die Wandmalereien gehen auf das 15. Jahrhundert zurück.

Vier Burgen auf einen Schlag

Vielleicht liegt es an der versteckten Lage tief im Nettetal, doch wahrscheinlich hat es eher am Verhandlungsgeschick seiner Bewohner gelegen, dass Schloss Bürresheim als eine der wenigen rheinischen Herrensitze nie gewaltsam zerstört wurde. Die märchenhafte Burg wurde im Laufe der Jahrhunderte zum komfortablen Schloss umgebaut, bewahrte sich jedoch dank wuchtiger Türme, Fachwerkaufbauten und Burghof einen wehrhaften Charakter – zu dem der Barockgarten einen zauberhaften Gegensatz bildet.

Burg Pyrmont hatte weniger Glück. Nach dem Einzug der Franzosen in der Eifel zu Beginn des 19. Jahrhunderts begann der Abbruch der Burg. Doch die Ruine wurde vor 50 Jahren nach und nach wieder aufgebaut. Und so bildet heute auch diese Burg, zusammen mit der Pyrmonter Mühle, ein romantisches Ensemble.

Die Burg der Burgen aber bleibt zweifellos Eltz. Wie ein Manhattan des Mittelalters steigt die seit 1157 beurkundete Anlage aus der Tiefe des Elzbachtals empor. Das Auge tastet Stockwerk um Stockwerk ab, bleibt dabei an Türmen, Erkern und am romanischen Bergfried hängen – der eindrucksvolle, himmelstürmende Bau ragt auf einem Felssporn im Bett der Elz bis zu 70 Meter hoch auf.

Vergleichsweise bescheiden nimmt sich im Vergleich dazu die Genovevaburg in Mayen aus. Doch es reicht, um die Altstadt zu beherrschen und die Sammlungen des Eifelmuseums zu beherbergen.

Ein Vulkan geht hoch

Zwischen Mayen und Mendig tut sich die Erde auf. Eine Landstraße verläuft auf einem schmalen Grat. Wer den Blick nach links oder rechts schweifen lässt, sollte schwindelfrei sein: Bis zu 30 Meter tief geht der Blick an den Basaltklippen der Ettringer Lay in die Tiefe. An den Rändern ragen rostige Kräne in den Himmel. Holzkabinen stehen gefährlich

Burg Pyrmont (rechts) verbindet acht Jahrhunderte. Die mittelalterliche Burg wurde zu Beginn des 18. Jahrhunderts zum Schloss umgebaut und nach der Franzosenzeit im 19. Jahrhundert zur Ruine. Erst nach dem Zweiten Weltkrieg begann der Wiederaufbau. Bis heute dominiert das Mittelalter das Elztal mit der Pyrmonter Mühle, heute ein Landgasthof. Auch die ursprünglich spätgotische Genovevaburg in Mayen (oben) hat eine wechselvolle Geschichte und vielerlei Umgestaltungen hinter sich. Heute beherbergt sie das Eifelmuseum.

Mittelalterliche Burgen,
viel Fachwerk und munter
rauschende Gewässer
prägen allerorten
das Bild der Eifel.

Auch Monreal mit seinen Fachwerkbauten am Oberlauf der Elz wird von mittelalterlichen Festungsbauten überragt – hier die Philippsburg.

An der Ettringer Lay flossen vor 200 000 Jahren Lavaströme. Heute gehört die bis zu 30 Meter tiefe und gern von Kletterern genutzte Abbaugrube zum Vulkanpark.

Auch das Tuffsteinzentrum Weibern ist ein Projekt des Vulkanparks.

Special

Filmdrehorte in der Region

Ein Fall für den Location Guide

In Monreal auf den Spuren des Bullen und des Landeis

Wo, bitte, geht es nach Hengasch? Das Dorf, in dem die Krimiserie „Mord mit Aussicht" spielt, ist auf keiner Karte zu finden.
Ein Anruf beim „Eifel Tourismus" reicht – die Serie wurde an verschiedenen Orten gedreht. In Kallmuth steht die Polizeiwache, in die die Kommissarin aus Köln strafversetzt wird. Seit „Der Bulle und das Landei" in Monreal gedreht wurde, bekommt man an Wochenenden zwischen Burgruine und den malerischen Gassen keinen Fuß aufs Kopfsteinpflaster. Teile von „Die Päpstin" wurden in Schmidtheim gedreht, der RTL-Zweiteiler „Der Vulkan" zum Teil am Laacher See; als Kulisse für das fiktive Lorchheim diente Bad Münstereifel. Die Eifel als Drehort ist noch jung – ein Büro vermittelt hier Drehorte, im Saarland, in Ostbelgien, Luxemburg oder Lothringen.

nah am Abgrund. Ein rostiges Grubenbahngleis verläuft durchs Gras. Die klaffende, von Brombeersträuchern, mageren Birken und krautigem Gras nach und nach für die Natur zurückeroberte Grube ist nur einer von gut zwei Dutzend Besichtigungspunkten des Vulkanparks mit Sitz am Rauscherpark bei Saffig. Das dortige Informationszentrum ist zugleich das Tor zum Vulkanpark. Computeranimationen und Filme ermöglichen es, sozusagen live bei einem Vulkanausbruch dabei zu sein.

Seit Jahrtausenden wird in der Region das durch die entfesselten Kräfte des Vulkanismus entstandene Gestein – der überaus feste Basalt und der bei Steinmetzen beliebte feinkörnige Tuff – abgebaut. In Mayen erfährt man im hypermodernen Erlebniszentrum Terra Vulcania viel Wissenswertes darüber – wieder live mithilfe von Computeranimation und Zeichentrickfilm. Die Ersten, die lukrative Tuffvorkommen im großen Stil ausbeuteten, waren die findigen Römer. Im Tal des Krufter Bachs ist ein Teil des antiken Abbaugebiets mit einer gläsernen Halle überdacht. Was die fachkundigen Steinmetzen des ersten nachchristlichen Jahrhunderts aus diesem Gestein schufen, zeigen anschaulich römische Grabmäler bei Nickenich und Ochtendung.

WANDERN ZEITGEMÄSS

Auf Traumpfaden

Premiumwandern gilt als touristisches Gebot der Stunde. Mit perfekt beschilderten Rundwegen, flottem Logo, verlockenden Einkehrmöglichkeiten, viel Natur und möglichst wenig Asphalt lässt sich eine junge, aktive Klientel ansprechen, die bei Unterkunft und Einkehr gern ein wenig tiefer ins Portemonnaie greift.

Das Modell für die Traumpfade lieferte der 2006 eröffnete Rheinsteig. Nach dem Beispiel dieses Fernwanderwegs oberhalb des Rheins entstanden zwischen Rhein, Mosel und Eifel 26 Traumpfade, bei denen Genuss Vorrang vor Kilometerfressen hat.

Jeder Traumpfad ist ein Rundwanderweg, und entspricht damit den Anforderungen, die Dr. Rainer Brämer formuliert hat. Der Physiker und Dozent an der Marburger Universität, wo er das Deutsche Wanderinstitut mitgründete, leitete in den 1990er-Jahren mit dem Rothaarsteig eine Trendwende in Deutschlands Wandergewohnheiten ein. Intensiver Naturgenuss, intelligent erarbeitete Routen verschiedener Länge und unterschiedlicher Schwierigkeitsgrade, speziell auf Gelegenheitswanderer zugeschnitten, das sind die Merkmale der Traumpfade. Ein auf Nachhaltigkeit achtendes Wegemanagement, abwechslungsreicher Wegeverlauf, fußfreundliche Wegebeschaffenheit und unberührte Landschaften bürgen für Wanderfreude.

Alle drei Jahre wird jede Strecke vom Deutschen Wanderinstitut auf Stock und Stein überprüft. Der Kriterienkatalog zur Erlangung des begehrten Deutschen Wandersiegels ist lang. Schöne Wälder und Wiesentäler müssen eingebunden sein, Naturattraktionen wie Schluchten, Hohlwege, Baumveteranen den Weg säumen. Ortsdurchquerungen dürfen nur über ansprechende Passagen führen. Als Rastmöglichkeiten stehen Traumpfade-Sofas, rückenfreundliche, breite Holzliegen in Wellenform, bereit.

Der Erfolg ist phänomenal. Allein 2016 begaben sich rund 330 000 Wanderer auf die Traumpfade. Tendenz seit Jahren steigend. Neu sind seit 2017 die „Traumpfädchen“. Die bislang sechs Premium Spazierwanderwege wurden für Einsteiger angelegt. Für die 3 bis 7 Kilometer langen Kurztouren ist man maximal zwei Stunden unterwegs. Tausende Facebook-Fans beweisen, dass das Konzept sich souverän von altbackener „im Frühtau zu Berge“-Wanderlust abgesetzt hat. Gleich zwei Traumpfade wurden von den Lesern des „Wandermagazins“ zu „Deutschlands schönstem Wanderweg gewählt“. 2011 war es der „Monrealer Ritterschlag“, zwei Jahre später folgte dann der „Eltzer Burgpanorama“.

Zu den besten Wanderwegen in der Eifel siehe auch „Unsere Favoriten“ auf der folgenden Doppelseite.

Der „Monrealer Ritterschlag“ endet zwangsläufig in der gemütlichen Fachwerkstadt (oben). Vorher musste allerdings die Löwenburg passiert werden (ganz links).

Vom Monrealer Alten Rathaus geht es durch den Fachwerkort und über die Untere Schlossbrücke hinaus in die Eifelnatur: „Monrealer Ritterschlag“.

Informationsstellen

Projektbüro Traumpfade: Rhein-Mosel-Eifel-Touristik, Bahnhofstraße 9, 56068 Koblenz, Tel. 0261 10 84 19, www.traumpfade.info. Der 68-seitige „Tourenguide – 26 Traumpfade“ stellt alle Traumpfade ausführlich vor. Zudem gibt es gratis eine Übersichtskarte mit allen 26 Traumpfaden und ein Gastgeberverzeichnis.

Traumpfad Förstersteig: Tourist-Information Mayen, Altes Rathaus am Markt, 56727 Mayen, Tel. 02651 90 30 04, www.mayen.de
Traumpfade Heidehimmel Volkesfeld, Vier-Berge-Tour, Waldseepfad Rieden, Traumpfad Pellenzer Seepfad: Vulkanregion Laacher See, Kapellenstr. 12, 56651 Niederzissen, Tel. 02636 194 33, www.vulkanregion-laacher-see.de
Traumpfade Bergheidenweg, Booser Doppelmaartour, Vulkanpfad, Virne Burgweg, Wacholderweg, Wanderather, Monrealer Ritterschlag, Hochbermeler: Touristik-Büro der Verbandsgemeinde Vordereifel, Kelberger Straße 26, 56727 Mayen, Tel. 02651 80 09 59, www.vordereifel.eu

Die besten Eifel-Wanderwege

So ist Wandern hip

Mit Premiumwanderwegen wie den „Traumpfaden“ erlebt das Wandern in der Eifel ein Comeback. Der Weg ist erlebnisreich, Asphalt ist tabu, Verlaufen dank perfekter Ausschilderung unmöglich. Prompt steigt eine neue Wanderergeneration, jung und trendy, in die Stiefel.

1 Manderscheider Burgensteig

Der 6 km lange Rundweg führt über die Manderscheider Burgruinen und durch das Lieser-Tal zum „Eifel-Belvedere“. Start ist am Parkplatz am Fuß der Unterburg, die sich seit 1899 im Besitz des Eifel-Vereins befindet. Es geht ans Ufer der Lieser. Die Wiesen am Fluss sind Schauplatz des Ritterlagers im August, das zum Burgenfest veranstaltet wird. Dann steigt der Weg an. Das erste Ziel ist die Oberburg, von der der Blick auf das Tal der Lieser und die Unterburg grandios ist. Getoppt wird die Aussicht vom „Eifel-Belvedere“, den man nach etlichen Kehren durch den Wald erreicht. Vom höchsten Punkt der Wanderung schweift der Blick weit, mit den beiden Manderscheider Burgen als markante Akzente im üppigen Grün. Den umwerfenden Blick auf die beiden Burgen genoss 1833 Kronprinz Friedrich Wilhelm von Preußen – siehe Inschrift an der Gedenksäule. Von nun an geht es bergab nach Manderscheid. Einkehrmöglichkeiten gibt es zum Schluss in hübschen Eifelstädtchen reichlich.

www.gesundland-vulkaneifel.de

2 Eifelkrimi-Wanderweg

Zwei um Hillesheim ausgeschilderte Routen (18 bzw. 20 km) führen zu den Tatorten aus verschiedenen Eifelkrimis. Das Begleitheft zu diesen Touren ist im Büro der Urlaubsregion Hillesheim erhältlich. Die wesentlich spannendere und unterhaltsamere Alternative: man wandert in Begleitung erfahrener Krimi-Wanderführerinnen wie Dane Spur oder Klara Fall, immer dem Täter auf der Spur (s. DuMont Aktiv S. 99).

www.krimiland-eifel.de, http://fr.eifel.info/eifel-krimi-wanderweg.htm

3 Monrealer Ritterschlag

Der 13,7 km lange Traumpfad startet im schönsten Dorf der Eifel, ach was, von ganz Rheinland-Pfalz. Zwischen Burgruine und den malerisch am Elzbach aufgereihten Gassen beginnt der „Monrealer Ritterschlag“ am alten Pfarrhaus. Los geht's!

Der Wanderweg bürgt mit zwei Burgruinen gleich zu Anfang für ein gerütteltes Maß Romantik. Später sind lauschiges Elztal, satte Weiden, verbummelte Mühlenanwesen und ein erstes Traumpfade-Sofa am Juckelberg mit grandiosem Blick unvergessliche Highlights. Sich Verlaufen? Geht nicht, denn das orangefarbene, schwungvolle Traumpfad-Logo weist einem noch im finstersten Wald den richtigen Weg. Die Route führt kurz vor ihrem Ende unweigerlich auch zum Schnürenhof und damit zu Uschi Ludwig. Der Hofladen, in dem die Landwirtsgattin Rindfleisch, Wurst, Frischmilch, Obstbrände vom eigenen Hof oder von befreundeten Eifelhöfen anbietet, diente übrigens in der allerersten Folge von „Der Bulle und das Landei“ als Dorfmetzgerei. Stolz zeigt Frau Ludwig deshalb Autogramme von Uwe Ochsenknecht, alias Großstadtbulle Killmer, und Diana Ampft, alias Dorfpolizistin Kati Biver. Fortsetzung folgt? Uschi Ludwig verweigert absolut jede Aussage. Macht nichts. Es war trotzdem ein perfekter Tag.

www.traumpfade.info

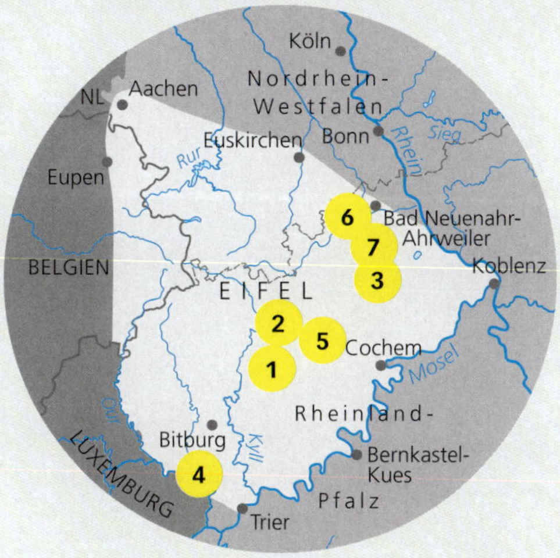

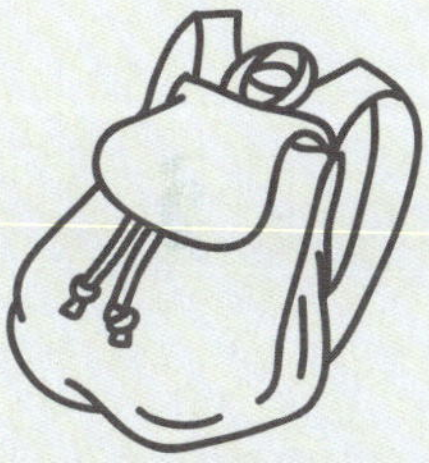

4 Felsenweg Teufelsschlucht

Eine knapp 30 m tiefe Schlucht, Felsklüfte, ein Felsenweiher: die 17 km lange Tour rund um das Ferschweiler Plateau entführt in ein Stück Eifel von fast gewalttätiger Schönheit.
Wie eine Festung kragt das acht mal vier Kilometer große Plateau über dem Prüm-Tal aus. Bizarre Buntsandsteinfelsen lauern im Wald. Die Steinriesen rücken der Prüm mit bis zu 40 m hohen Kanzeln und Kerzen so nah, dass das Wasser bei Irrel gewaltig an Tempo zulegt und in Stromschnellen krachend davoneilt. Mitten im Buchenwald öffnet sich ein kaum schulterbreiter Felsschlund: die Teufelsschlucht.
Bei Ernzen, am Südrand des Plateaus, ist wieder Ruhe. Der Wald öffnet sich. Tief unten duckt sich Echternach ins Talgrün. Die Weite über dem luxemburgischen Städtchen hat Cinemascope-Format.

www.naturwanderpark.eu

5 Sieben-Maare-Weg

Der 19,4 km lange Wanderweg von Gillenfeld nach Gemünden verbindet sieben Maare. Die Tour erfordert wegen ihrer Länge und einiger kräftiger Steigungen durchaus etwas Kondition. Auch die 376 m Aufstieg und 406 m Abstieg sind kein Pappenstiel.
Für die Mühen winkt aber gleich an zwei Maaren eine erfrischende Pause: Im Gemünder und Schalkenmehrener Maar kann gebadet werden!
Der Weg ist mit „Ma" rot markiert. Vom Holzmaar bei Gillenfeld wandert man durch das Alfbachtal in Richtung Lenzenhaus. Der Weg streift das „Strohner Märchen", ein Hochmoor mit seltener Flora, und Römerberg. Über das Dorf Saxler erreicht man anschließend das Naturschutzgebiet „Mürmes", ein Niedermoor. Bei Schalkenmehren stößt man auf den Kraterrand des Schalkenmehrener Maares.
Auf dem oberen Maarrundweg geht es anschließend bergauf zum benachbarten Weinfelder Maar (auch wenig anheimelnd Totenmaar genannt). Vom Dronketurm, der zu Ehren des Gründers des Eifelvereins Dr. Adolf Dronke auf dem Mäuseberg (571 m) errichtet wurde, schweift der Blick später weit über die Vulkaneifel. Zum Schluss geht es bergab zum Gemündener Maar bei Daun.

www.gastlandschaften.de/urlaubsregionen/eifel/infosystem-eifel/infrastruktur/7-Maare-Weg_Daun

6 Rotweinwanderweg

Der 35 km lange Rotweinwanderweg durch das Ahrtal führt von Bad Bodendorf bis Altenahr durch über 40 Einzellagen, über Buntsandsteinfelsen, in Weindörfer, ans Ufer der Ahr.
Am „Ahrweiler Silberberg" laufen die Rebstöcke Sturm gegen den Betonklotz der „Dokumentationsstätte Regierungsbunker", eine der Hauptattraktionen am Weg. Gegen Aussichtpunkte wie die „Bunte Kuh" bei Walporzheim aber hat es der klamme Bunker schwer.
In Rech geht es über die Nepomukbrücke aufs rechte Ufer. Flussaufwärts thront die Ruine der Saffenburg auf einem Schieferkegel. Der Blick schweift nach Mayschoß, dessen Kirchturm aus einem Talkessel lugt (siehe auch DuMont Aktiv S. 83).

www.ahr-rotweinwanderweg.de

7 Förstersteig

Der „Förstersteig" startet in Mayen-Kürrenberg und ist Teil der „Traumpfade". Sein Name ist Programm: Es geht 15 km größtenteils durch Wald, was den Weg auch an heißen Sommertagen attraktiv macht.
Start ist am Parkplatz des „Eifel Adventure Forest" an der B258 bei Kürrenberg. Es geht leicht abwärts durch das Ruppental bis zum Eiterbachtalweiher. Von hier aus führt ein lauschiger Waldweg zur Luisenplatzhütte. Es geht weiter durch Misch- und Nadelwälder. Bald folgen zwei Aussichtspunkte, von denen man Schloss Bürresheim bestaunen kann. Dann führt der Weg abwärts ins Nette-Tal und damit an die L83. Durch den Wald geht es erneut aufwärts bis nach Kürrenberg. Über Wiesenwege und ein kurzes steiles Stück durch den Wald gelangt man zurück zum Anfang des Traumpfads.

www.mayen.de;
www.traumpfade.info

Maßstab 1:225.000
0
2
4km
Grafschaft
AHRWEILER
BAD NEUENAHR-
REMAGEN
SINZIG
LINZ
UNKEL
BAD HÖNNINGEN
BAD BREISIG
ANDERNACH
NEUWIED
WEISSENTHURM
MÜLHEIM-KÄRLICH
MENDIG
MAYEN
POLCH
KAISERSESCH
MÜNSTER-MAIFELD
COCHEM
ULMEN
ADENAU
KASTELLAUN
Laacher See
Vulkan-Eifel
Hohe Eifel
Vulkaneifel
Maifeld
Mosel
Rhein
Naturpark Rhein-Westerwald
Deutsche Vulkanstraße
Moselschiefer-Straße
Rheinischer Sagenweg
Altenahr
Dernau
Mayschoß
Niederzissen
Burgbrohl
Kruft
Plaidt
Kottenheim
Ettringen
Monreal
Kehrig
Mertloch
Münstermaifeld
Karden
Treis-
Klotten
Kobern-Gondorf
Lehmen
Alken
Burgen
Moselkern
Müden
Bad Bertrich
Hontheim
Beilstein
Ediger-Eller
Senheim
Zell
Dieblich
Winningen
Bassenheim
Ochtendung
Nickenich
Saffig
Kettig
Kretz
Wassenach
Brohl
Rheinbrohl
Leutesdorf
Hammerstein
Nürburgring
Nürburg
Kempenich
Weibern
Rieden
Sankt Johann
Gappenach
Naunheim
Pillig
Wierschem
Brachtendorf
Düngenheim
Hambuch
Ulmen
Lutzerath
Ürzig
Strotzbüsch
Beltheim
Dommershausen
1
2
3
4
5

Steinreich und weinselig

Der Reichtum der Osteifel ist ihr Gestein: Basalt, Tuff, Krotzen werden seit der Antike abgebaut. Zu den prominentesten Kunden zählt die Kölner Dombauhütte. Hinzukommen Kartoffeln – die Erdäpfel vom Maifeld haben Kultstatus. An der Ahr wächst zudem einer der besten Spätburgunder weltweit.

1 Bad Neuenahr-Ahrweiler

Der Doppelort (27 500 Einw.) teilt sich in das mittelalterlich geprägte Winzerdorf Ahrweiler und die Bäderstadt Bad Neuenahr (seit 1852), deren Gründerzeitcharme bis heute verfängt.

SEHENSWERT

Kurhaus (1903–1905), das wie ein Tempel wirkende Badehaus (1899), das herrschaftliche € € € Steigenberger Hotel, Park und moderne **Ahrthermen** (www.ahr-thermen.de) bilden in Bad Neuenahr ein zauberhaftes Ensemble. **Stadttore und Mauern** (13./14. Jh.) beschirmen Ahrweiler. Die gotische **Pfarrkirche St. Laurentius** (Urspr. 13. Jh.) hütet mittelalterliche Fresken. Der **Weiße Turm** ist das älteste Gebäude in Ahrweiler. Vermutlich stand hier schon ein fränkischer Hof. In seiner heutigen Gestalt handelt es sich um ein dreistöckiges Turmhaus (14./15 Jh.) mit barocker Turmhaube (Altenbaustr. 5). Richtung Walporzheim erlaubt das über einem römischen Herrenhaus errichtete **Museum Römervilla** Einblicke in antike Wohnkultur (Am Silberberg 1, www. museum -roemervilla.de; März–Okt. Di.–So. 10.00–17.00 Uhr). In direkter Nachbarschaft ist die **Dokumentationsstätte Regierungsbunker** zu finden (Am Silberberg, Tel. 02641 911 70 53, www.regbu.de; Mitte April–Mitte Nov. Mi., Sa. und So. 10.00–18.00, letzter Einlass 16.30 Uhr).

Orientierungspause am Ahr-Radweg

AKTIVITÄTEN

Der 90 km lange **Ahr-Radweg** (www.eifel.info/a-ahr-radweg; Radsymbol im Querbalken) reicht von der Mündung bei Sinzig bis zur Quelle in Blankenheim. Räder werden nach 9.00 Uhr von der Ahrtalbahn gratis befördert.

HOTELS UND RESTAURANTS

Der € € **Prümer Gang** vereint spätbarocke Mauern mit Designzimmern und Wellness. Im stimmigen € € Restaurant Regionalküche (Niederhutstraße 58, 53474 Bad Neuenahr-Ahrweiler, Tel. 02641 47 57, www.pruemergang.de; Mo. und Di. mittags geschl.). Das € € **Hohenzollern** ist ein solider Familienbetrieb am Rotweinwanderweg. Vor dem Balkon hoch über der Ahr sprießen die Reben (Silberberg 50, 53474 Bad Neuenahr-Ahrweiler, Tel. 02641 97 30, www.hotelhohenzollern.com).
Der € **Altenwegshof** ist ein Ausflugslokal mit grandiosem Ausblick. Offene Weine und Winzerteller. Im Teufenbach 100, Walporzheim, Tel. 02641 3 47 53, www.altenwegshof.de; Mo./Di. geschl.).
Das € **Alte Pfarrhaus** dient heute als urgemütliche Weinstube (Bärenbachstraße 2, Rech, Tel. 02643 28 45; www.altes-pfarrhaus-rech.de, März–Nov. Mo., Di., Fr., Sa. ab 13.00, So. ab 10.30, Dez.–Febr. Fr., Sa. ab 13.00, So. ab 10.30 Uhr geöffnet).

UMGEBUNG

Das barocke Augustinerkloster in **Marienthal** ist seit 1925 Sitz der Staatlichen Weinbaudomäne. Nur noch Ruine ist die gotische Klosterkirche. Die Nepomukbrücke in **Rech** ist die schönste an der Ahr – von hier sind es 2 km am Ufer lang zur über der Ahr thronenden Ruine Saffenburg in **Mayschoß** (herrliche Aussicht). Die 1868 gegründete Winzergenossenschaft Mayschoß-Altenahr gilt als älteste Deutschlands (historischer Gewölbekeller, Weinmuseum, Weinprobe; Ahrrotweinstraße 42, Mayschoß, Tel. 02643 9 36 00, www.wg-mayschoss.de).

INFORMATION

Ahrtal-Tourismus, Hauptstraße 80, 53474 Bad Neuenahr-Ahrweiler, Tel. 02641 9 17 10, www.ahrtal.de

Gute Weine, gutes Essen

Die exzellenten Weine stammen vom Weingut Meyer-Näkel, zu dem der „Hofgarten" gehört. Wildschweinschinken mit Zwiebelkonfit, übergrillter Ziegenkäse mit Ahornsirup und Pinienkernen, Blutwurst-Kartoffel-Pfanne mit Frühlingszwiebeln und Eifelsenf oder das hausgemachte Walnusseis aber signalisieren auf der Karte, dass das Lokal deutlich mehr als eine Straußwirtschaft ist.

INFORMATION

€ € Hofgarten Dernau, Bachstraße 26, Dernau, Tel. 02643 15 40, www.hofgarten-dernau.de; tgl. 11.30–23.00 Uhr

2 Mendig

Brauereien und Basaltbrüche haben in Mendig (8700 Einw.) seit teils antiken Zeiten den Ton angegeben. Heute hat sich die Kleinstadt zu einem Zentrum des Vulkanparks gemausert.

SEHENSWERT

Auffällig sind die mit dunklem Basalt verkleideten Fassaden. In Niedermendig überrascht die romanische **Kirche St. Cyriakus** mit Fresken aus dem 13. Jh. Doch die größten Attraktionen liegen am nordöstl. Stadtrand: Das € **Vulkanbrauhaus** nutzt einen alten Basaltkeller als Lager (mit Biergarten; Laacher-See-Straße 2, Tel. 02652 52 03 30, www.vulkan-brauerei.de). In der nahen Brauerstraße liegt das moderne Ausstellungszentrum **Lava-Dome,** wo man nach der computeranimierten Vulkanismus-Show in 32 m Tiefe riesige Lavakeller besichtigen kann. 300 m weiter folgt das Freilichtmuseum **Museumslay** mit Mendiger Steinmetztradition samt Grubenbahn, Mühlsteinen, Römerbrunnen etc. (Brauerstraße 1, Tel. 02652 939 92 22, www.lava-dome.de; beide Di.–So. 10.00–17.00 Uhr).

UMGEBUNG
Der **Vulkanpark** (Informations-Zentrum Rauschermühle 6, Plaidt, 15 km östl., Tel. 02632 98 75 0, www.vulkanpark.com; Mitte März–Anf. Nov. Di.–So. 9.00–17.00, sonst Di.–So. 11.00 bis 16.00 Uhr) umfasst neben Museen (Lavadome in Mendig, Terra Vulcania in Mayen) zwischen Plaidt und Kruft das Römerbergwerk Meurin, ein antiker Tuffbruch unter einer Glaskuppel. Hinzukommen Naturdenkmäler: Grubenfelder, der Rauscherpark an der Nette, das verlandete Booser Doppelmaar (25 km westl. Mayen) … Über dem Laacher See erhebt sich die sechstürmige Silhouette der **Abteikirche Maria Laach** TOPZIEL (1093–1220), die wegen ihrer architektonischen Vollendung zu den Höhepunkten der Romanik im Rheinland zählt. Zur Benediktinerabtei gehören eine Gärtnerei, das € € / € € € **Seehotel** und ein Klosterladen (www.maria-laach.de).

Tipp

Mit dem Vulkan-Express

Die Brohltalbahn nennt sich auch Vulkan-Express, schließlich zuckelt die nostalgische Schmalspurbahn vom Rheinstädtchen Brohl durch den Vulkanpark Eifel bis ins 465 m hoch gelegene Eifeldorf Engeln. Neben Vulkankratern und -kegeln beeindruckt längs der Steilstrecke durch das Brohltal der 120 m lange Viadukt von Bad Tönisstein.

VULKAN-EXPRESS
Kapellenstraße 12,
56651 Niederzissen,
Tel. 02636 8 08 03, Fahrplanansage 02636 8 05 00, www.vulkan-express.de. Nur mit Anmeldung!

Die wuchtige Abteikirche Maria Laach erhebt sich eindrucksvoll am Laacher See (oben). Im Innern der Kirche dominiert der Hochaltar den Chor (rechts).

Ein einsames Wäldchen zeigt den Standort der **Wallfahrtskirche Fraukirch** (südöstl.) an. Das auf karolingischen Fundamenten ruhende Gotteshaus hütet das Stiftergrab von Pfalzgraf Siegfried und seiner Gattin, der hl. Genoveva. Der barocke Hochaltar ist aus Tuff gemeißelt. Um die Kirche stehen Basaltkreuze, von denen das Golokreuz auf dem Prozessionsweg nach Mendig das bekannteste ist. Im barocken € **Fraukircher Hof** neben der Kirche kann man sich stärken – ein Ausflugslokal mit von Kastanien beschatteter Terrasse (Di.–Sa. 15.00–22.00 Uhr; dort auch Schlüssel für die Kirche).

INFORMATION
Verbandsgemeinde Mendig, Rathaus, Marktplatz 3, 56743 Mendig, Tel. 02652 98 00 0, www.mendig.de

3 Mayen

Stein hat Mayen (18 600 Einw., Stadtrechte 1291) reich und selbstbewusst gemacht. Bis an den Ortsrand reichen die Basalt-, Tuff- und Schieferbrüche.

SEHENSWERT
Die oft umgestaltete **Genovevaburg** (Urspr. um 1280) beherbergt das **Eifelmuseum** mit dem Deutschen Schieferbergwerk. Die Besichtigung umfasst die Besteigung des mittelalterlichen Goloturms (34 m) und die Exkursion unter Tage in einen nachgebauten Bergwerkstollen (www.mayen.de; Sa.–Do. 10.00–17.00 Uhr, Mitte Jan.–Mitte Febr. geschl.). Von der Stadtbefestigung blieben Mauerstücke, Türme sowie Brücken- und Obertor erhalten.
Terra Vulcania zeigt am Grubenfeld nördlich der Stadt, wie um Mayen seit 7000 Jahren Basalt abgebaut wird (www.vulkanpark.com/terra-vulcania; Mitte Febr.–Okt. Di.–So. 10.00 bis 17.00 Uhr). Das Grubenfeld ist eine bizarre Landschaft mit stillgelegten Kränen, Abbruchkanten und dem Skulpturenpark Lapidea (www.lapidea.org). Besonders spektakulär wirken die aufgelassenen Steinbrüche links und rechts der Landstraße nach Ettringen (nördl.).

RESTAURANT
Mayen trifft sich € / € € **Im Römer:** schmackhafte Küche, gute Wein- und Bierkarte, gepflegt-gemütliche Atmosphäre (Marktstraße 46, Tel. 02651 23 15, www.im-roemer.de; Fr. mittags, Mo. geschl).

VERANSTALTUNGEN
Burgfestspiele gibt es von Mai bis Aug., das Volksfest **Lukasmarkt** in der zweiten Okt.-Hälfte.

UMGEBUNG
Die Entwicklung einer mittelalterlichen Wehrburg (Erwähnung 1157) zum barocken Schloss (ab 1659) zeigt **Schloss Bürresheim.** Neben der kostbaren Ausstattung reizt die zauberhafte Lage in einem einsamen Tal (Führungen April–Okt. tgl. 9.00–18.00, Nov. und Jan.–März 9.00–17.00 Uhr).

INFORMATION
Tourist-Information,
Altes Rathaus am Markt, 56727 Mayen,
Tel. 02651 90 30 04, www.mayen.de

4 Monreal

Das preisgekrönte, an den Elzbach geschmiegte Dorf (900 Einw.) hat Jahrhunderte von der Tuchherstellung gelebt (bis Mitte 19. Jhs.). Mehr Fachwerkseligkeit gibt es nirgendwo in der Eifel.

SEHENSWERT
Zwei Burgruinen (Urspr. 13. Jh.) überragen den Ort: Von der **Philippsburg** blieb nur ein Turm, von der **Löwenburg** Gräben, Kapelle und Bergfried. Die eindrucksvollste der Steinbrücken im Ort ist die **Fährbrücke** mit der Sandsteinstatue des hl. Nepomuk (1803). Die gotische **Dreifaltigkeitskirche** (15. Jh.) hütet gotische und barocke Skulpturen. Die seitliche Heiligkreuzkapelle ist ein spätgotisches Meisterwerk.

HOTEL UND RESTAURANT
Der wohl malerischste Platz in Monreal nennt sich mit gutem Grund € **Arenz am Malerwinkel:** Flammkuchen, exzellente Weine von der Mosel, der Ahr und aus dem Elsass, Trödel und Trouvaillen … (Marktplatz 4, 56729 Monreal, Tel. 02651 401 30 05, www.arenz-am-malerwinkel.de; Fr., Sa. 14.00–19.00, So. 11.00 bis 19.00 Uhr).

UMGEBUNG
Das Nostalgikum in der alten Jungenschule von **Uersfeld** spiegelt die „gute alte Zeit". Gezeigt wird an vielen Exponaten, wie der Alltag zwischen 1850 und 1950 aussah (Lindenstraße 1, www.nostalgikum.de; April–Okt. Di., Do. und So. 14.00–17.30 Uhr, Winter nur So.).

INFORMATION
Touristik-Büro, Verbandsgemeinde Vordereifel, Kelberger Straße 26, 56727 Mayen, Tel. 02651 80 09 95, www.vordereifel.de

5 Münstermaifeld

Sanft gewellte Getreide-, Raps- und Kartoffeläcker bedecken das Maifeld. Schon aus der Ferne sichtbar erhebt sich das Westwerk von St. Martin und St. Severus über dem Ort Münstermaifeld (3500 Einw.).

SEHENSWERT
Wahrzeichen ist die **Stiftskirche St. Martin und St. Severus.** Die wehrhafte Turmfassade stammt aus dem 11. Jh., die Kirche selber ist frühgotisch mit originalen Fresken, einer Stumm-Orgel und einem spätgotischen Goldaltar aus Antwerpen. In der alten **Propstei** gegenüber ist das **Heimat- und Erlebnismuseum** untergebracht – eine Zeitreise ins 19. und ins frühe 20. Jh.; ausgestellt sind 13 original erhaltene Läden und 7 Handwerksbetriebe, Außenstelle ist eine 1937 geschlossene jüdische Metzgerei (April–Okt. Mi.–So. 14.00–17.00 Uhr).

UMGEBUNG
Allein die atemberaubende Lage von **Burg Eltz** TOPZIEL (10 km südl.) im tiefen Elzbachtal lohnt den (Fuß-)Weg. Acht Jahrhunderte kam die wohl schönste deutsche Burg recht unversehrt über die Zeiten. Eben solange ist sie im Besitz der Grafen von Eltz. Reich ist die Ausstattung mit Rittersaal, Schlafgemächern, Gemäldesammlung. Schatzkammer mit Silberschmiedekunst, Münzen, Porzellan (www.burg-eltz.de; Burg nur mit Führung, Schatzkammer April–Okt. tgl. 9.30–17.30 Uhr).
Mit dem Wiederaufbau der im 19. Jh. als Steinbruch genutzten **Burg Pyrmont** (Urspr. um 1225; 15 km westl.) wurde 1963 begonnen. Heute kann man sich hier einmieten – und sogar heiraten (www.burg-pyrmont.de; Mai bis Anf. Okt. So. u. Fei. 11.00-16.00 Uhr).

VERANSTALTUNGEN
Zum **Scheunen- und Kartoffelfest** stehen in Moerz alle Hoftore offen: Im Künstlerdorf dreht sich alles um Kartoffeln und andere Produkte des Maifelds (alle 2 Jahre Ende Aug.: 2019 ...).

INFORMATION
Tourist-Information Maifeld, Münsterplatz 6, 56294 Maifeld, Tel. 02605 9 61 50 26, www.maifeldurlaub.de
Touristbüro der Verbandsgemeinde Maifeld, Marktplatz 4, 56751 Polch, Tel. 02654 9 40 21 20, www.maifeldurlaub.de

Genießen Erleben Erfahren

DuMont Aktiv

Immer der roten Traube nach

Lauschige Wälder, lichte Wiesen und natürlich Weinberge sind die Attraktionen des Rotweinwanderwegs durchs Ahrtal. Von Bad Bodendorf bis Altenahr durchzieht der Weg ahraufwärts alle 43 Einzellagen am Fluss.

Regelmäßig laden Weindörfer inklusive Straußwirtschaften zum Einkehren ein: Kein Wunder, dass vor allem an Herbstwochenenden, wenn die Lese in vollem Gang ist und überall Weinfeste locken, Scharen von Wanderern dem Weg folgen. Die meisten Orte haben zudem einen Bahnhof, womit man die Länge der Wanderung frei gestalten kann.

Landschaftlich sehr reizvoll sind die knapp 9 km von Dernau bis Altenahr. Die Talwände rücken eng zusammen. Ungehalten wälzt sich die Ahr in ihrem Felsbett. Oberhalb von Dernau hängt der Rotweinwanderweg auf halber Höhe im Hang. Steile Schieferklüfte sorgen für dramatische Blicke ins Tal. Bei Rech lockt die Ruine der Saffenburg über den Fluss und damit auf die Nepomukbrücke. Wohin der Weg führt? Auf die Saffenburg natürlich, aber wahrscheinlich zunächst in die heimelige Weinstube im Alten Pfarrhaus.

Südlich von Altenahr nehmen nur noch die Wälder der Eifel den Fluss in die Zange. Mit dem „Übriger Kreuzberg" endet das Rotweingebiet der Ahr. Wer weiterwandern möchte: Der AhrSteig folgt dem Fluss bis zu seiner Quelle im Eifelstädtchen Blankenheim.

Weitere Informationen

Der **Rotweinwanderweg** (www.ahr-rotweinwanderweg.de) umfasst 35 km mit den Etappen Altenahr – Mayschoß, Mayschoß – Rech, Rech – Dernau, Dernau – Ahrweiler und Ahrweiler – Bad Bodendorf. Und der gut 100 km lange **AhrSteig** (www.ahrsteig.de) verbindet unter Nutzung des Rotweinwanderwegs auf sieben Etappen ab Blankenheim (Freilinger See – Aremberg – Insul – Altenahr – Walporzheim – Bad Neuenahr – Sinzig) die Quelle der Ahr mit ihrer Mündung in den Rhein.

Der landschaftlich wunderschöne Rotweinwanderweg (hier bei Mayschoß) ist nur einer von mehreren Eifelwanderwegen, auf denen man zwischen Rebstöcken wandern kann.

Einst hochexplosiv

Vor nicht einmal 10 000 Jahren ist der letzte Vulkan in der Eifel ausgebrochen. Erdgeschichtlich gesehen, geschah es erst vorhin. Die noch immer spürbaren Vulkanaktivitäten liefern eine ideale Vorlage für spannende Fernsehunterhaltung und noch spannendere Urlaubsaktivitäten. Wem das nicht reicht, begibt sich auf Mördersuche. Denn die Vulkaneifel ist zugleich Deutschlands heimliches Zentrum des Verbrechens – zumindest literarisch.

Südlich Daun liegen drei fast kreisrunde Maare – eines davon ist das Gemündener Maar.

Der Vulkanismus ist noch spürbar: Beim Schalkenmehrener Maar lohnt das Hinausschwimmen – das Wasser wird zur Seemitte immer wärmer.

Maare entstanden aus bei Wasserdampferuptionen freigeblasenen Trichtern – hier das Schalkenmehrener Maar.

Der Mosenberg liegt am Windsborner Kratersee.

Der Windsborner Kratersee zwischen Bettenfeld und Manderscheid ist einer der seltenen echten Kraterseen, die entstehen, wenn sich Vulkankrater mit Wasser füllen.

Die Quote kann sich sehen lassen: Auf 20 Kilometer streift der Sieben-Maare-Weg von Gillenfeld nach Gemünden – sieben Maare, eben. Nüchtern betrachtet sind Maare durch Wasserdampferuptionen entstandene Vulkantrichter, die sich mit Wasser gefüllt haben und oft bereits wieder verlandet sind. Für die Dichterin Klara Viebig waren die Maare freilich „die Augen der Eifel". Und der Name? Leitet sich vom lateinischen Wort mare für Meer ab. Von 70 Vulkantrichtern sind nur noch zehn mit Wasser gefüllt. So auch das Schalkenmehrener Maar. Der Rucksack sinkt in die sattgrüne Wiese. Beim Hinausschwimmen wird das Wasser mit jedem Zug weiter in die Mitte des Sees spürbar wärmer. Der Vulkan, der den kreisrunden See entstehen ließ, gibt zwar seit über 10 000 Jahren Ruhe, doch seine Kraft reicht noch immer, das Wasser zu erwärmen.

Ein einsames Kirchlein zeigt am Ufer des Totenmaars die Stelle an, wo bis vor 500 Jahren das Dorf Weinfeld stand. Die Pest hat die Einwohner im 16. Jahrhundert dahingerafft, daher der traurige Name des Sees, der der verwunschenste der Tour ist.

Nächste Station Gemündener Maar. Vom Dronketurm auf dem Mäuseberg schweift der Blick über goldblühende Ginsterbüsche und die nachtblauen, kreisrunden Augen gleich dreier Maare. Man möchte am liebsten direkt vom Aussichtsturm hineinspringen.

Doch Achtung! Die Vulkane der Eifel schlafen nur. Am Ulmener Maar fand erst vor knapp 10 000 Jahren die letzte Eruption statt. Und nur wenige Kilometer weiter südlich ruht am Ortsrand von Strohn eine 120 Tonnen schwere Lavabombe, die bei einem Ausbruch aus dem Wartesberg-Vulkan katapultiert wurde. Einfach so.

Im Zentrum des Verbrechens

Das von einer Mauer aus dem 14. Jahrhundert strangulierte Hillesheim rühmt sich dank des „Deutschen Krimi-Archivs", der Krimibuchhandlung „Lesezeichen" oder des Cafés „Sherlock" als Zentrum des literarischen Verbrechens. Mehr noch: Im „Krimihotel" kann man sogar in Themen-Zimmern wie „Tod auf dem Nil" oder „Derrick" nächtigen. Oder im gründerzeitlichen Restaurantsaal Spezialitäten wie „Bœuf Maigret" (Tafelspitz in Sahnemeerrettich), „Lindström ermittelt" (Lachsfilet auf Tomaten-Lauchragout) genießen. Wem anschließend nach Buße zumute ist, begebe sich ins „Hotel zum Amtsrichter". Der trutzige Buntsandsteinbau war einmal das „Königlich Preußische Amtsgericht". Seine schlichten Zimmer sind in den ehemaligen Zellen eingerichtet. Der Aufstieg vom verschlafenen Provinzstädtchen zur Mördermetropole geht auf das Konto von Krimiautoren wie Jacques Berndorf, der in einem Dorf unweit von Hillesheim lebt, und Ralf Kramp, der in Hillesheim den KBV-Verlag betreibt – mit Schwerpunkt Kriminalromane.

Tatort Eifel

Uwe Ochsenknecht („Der Bulle und das Landei") rockt auf der Bühne im „Forum Daun". Axel Prahl greift im Gerolsteiner „Lokschuppen" zur Gitarre. Was aber treibt TV-Krimistars wie Caroline Peters, Meike Droste, Bjärne Mädel („Mord mit Aussicht"), Miroslav Nemec und Udo Wachtveitl („Tatort") und Senta Berger alias Kriminalrätin Dr. Eva-Maria Prohacek („Unter Verdacht"), alle zwei Jahre in die Vulkaneifel? Die heiße Spur führt zum „Tatort Eifel", dem Krimifestival in Daun, das als Branchentreff für die Krimifilm- und -fernsehbranche ebenfalls ein illustrer Promitreff ist. Neben dem Fachprogramm inklusive diverser Workshops und Wettbewerbe lockt ein Veranstaltungsreigen in Daun und im gesamten Landkreis Vulkaneifel das Publikum. Die Lesungen, Filmpremieren und die Abschlussgala, bei der der

Der Marktplatz von Adenau wird von vielgestaltigem Fachwerk gesäumt (oben).
Das Hillesheimer Kriminalhaus beherbergt das Krimi-Archiv und das Café „Sherlock".

Im „Sherlock" präsentieren die fernsehbekannten Kommissare Torsten „Toto" Heim und Thomas „Harry" Weinkauf ihr neuestes Werk.

Die kurz vor dem Ersten Weltkrieg fertiggestellte Gerolsteiner Erlöserkirche prunkt byzantinisch golden.

„Roland“, ein Preis für innovative Krimiformate, verliehen wird, sorgen für viel Spannung. 2017 nahm Heino Ferch gemeinsam mit dem Produktionsteam der deutsch-österreichischen Reihe „Spuren des Bösen“ die begehrte Auszeichnung entgegen. Ebenso wie Matthias Brandt, der für seine schauspielerische Leistung als Kommissar Hanns von Meuffels im „Polizeiruf 110“ ausgezeichnet wurde. Zum Vormerken: Das elfte Festival „Tatort Eifel“ wird vom 13. bis 22. September 2019 veranstaltet.

Eifel-Aktivisten

Bereits 2013 hatte eine ganz anders geartete Eifelinstitution Grund zur Freude: Im Mai feierte der Eifelverein sein 125-jähriges Jubiläum – und in Prüm, wo das Fest veranstaltet wurde, bekamen Wanderer und Naturliebhaber kein Bein mehr auf den Boden. Wanderjournalist Manuel Andrack hielt die Festrede. Geführte Wanderungen luden ins Prümer Land ein, im „Eifel-Wanderdorf“ ging es um Premiumwandern und Geo-Caching. Abends heizte die Coverband „Die Dicken Kinder“ zur Jubiläumsparty ein.

Das alles zeigt: Von seinen honorigen Anfängen oder vom bisweilen biederen Image hat sich der Eifelverein beherzt gelöst. Seit 2011 leitet mit Mathilde Weinandy, einer ehemaligen Abgeordneten im rheinland-pfälzischen Landtag, eine Frau den Traditionsverein. Und unter dem Motto „Es reicht“ engagieren sich die heute 29 000, auf 160 Ortsvereine verteilten Mitglieder, etwa gegen den weiteren Ausbau von Windkraftanlagen, die das Landschaftsbild in der Eifel verheeren.

Im Mai 1888, bei Gründung des Eifelvereins, war die Region noch als „Preußisches Sibirien“ verschrien. Was nicht nur dem Trierer Gymnasiallehrer Dr. Adolf Drohnke in der Seele wehtat. Mit Gleichgesinnten gründete der Vollbartträger in Bad Bertrich den Eifelverein, zum einem, um das Wandern populärer zu machen, zum anderen, um das Gebiet wirtschaftlich zu fördern. Erste Wanderwege wurden angelegt. 1899 konnte der Verein die Manderscheider Niederburg erstehen. 1937 folgte die Mayener Genovevaburg, in der das Eifelmuseum eingerichtet wurde und der Verein eine Eifelbibliothek gründete. Heute betreut

Zur Kasselburg bei Pelm gehören die „Wolfsschlucht" und im Burghof eindrucksvolle Greifvögel.

Stein gewordenes Mittelalter in wunderbarer Lage: die Ruine der Kasselburg bei Pelm, mit deren Bau im 12. Jahrhundert begonnen wurde.

Die Strohner Vulkanbombe hat einen Durchmesser von etwa fünf Metern und ein Gewicht von über 120 Tonnen.

Ein schöner Spaziergang führt zum Nohner Wasserfall.

Special

Ziegenkäse

Genussregion Eifel?

Immer öfter stehen Produkte der Region in Supermarktregalen oder auf Marktständen. Ziegenkäse aus der Vulkaneifel spielt dabei eine prominente Rolle und widerlegt die Zweifel, in einer Genussregion unterwegs zu sein.

Die Deutschen Edelziegen, die auf dem Vulkanhof in Gillenfeld gehalten werden, sind nicht nur die Lieferanten für erstklassigen Biokäse. Bei Inge Thommes-Burbach, die den Vulkanhof leitet, reicht die Angebotspalette von Frischkäse bis zum über fünf Monate gereiften Käse „Eifelwürze“. Dazu gibt es Eis – sehr lecker sind Erbeer und Walnuss – und Pralinen, handwerklich hergestellt in Zusammenarbeit mit Belgian Chocolate. Alles aus Ziegenrohmilch, versteht sich.

Von Oma Inge bis Enkel Klaus packen alle mit an. Denn die 250 Ziegen des Hofs wollen gemolken, der Käse muss von Hand geschöpft, Besucher müssen betreut werden.

Leckerer Ziegenkäse aus der Eifel

Apropos Besucher: Der Hof ist einer zum Anfassen, Streicheln der Ziegen erlaubt.

Bei Regino und Sibylle Esch, die mit Wiebke Medau den Hof Steinrausch betreiben, gibt es zwar „nur“ Ziegenkäse, dafür aber in allen denkbaren Geschmacksrichtungen. Als da wären Weichkäse mit Basilikum, Ziegenmünster, Ziegencamembert, Schnittkäse mit Chili, Frischkäse… – und natürlich alles Bioland-zertifiziert!

der Verein rund 3000 Kilometer Fern- und Regionalwanderwege. Weitere 6000 km örtlicher Wanderwege kommen hinzu. Manche sind geradezu Dauerbrenner. So erklärte Manuel Andrack kürzlich den 1895 angelegten Lieserpfad zum „schönsten Wanderpfad der Welt“.

Erdgeschichtliches Lehrbuch

Gerolstein, und unsereins denkt sofort an Mineralwasser. Geologen aber kennen die Stadt an der Kyll eher als Wiege der Paläontologie. Im Buchenloch, einer Höhle im Kalkstein der Munterley, fanden in der ausgehenden Eiszeit Menschen und Tiere Unterschlupf.

Vulkanologen und Wanderer zieht es zudem in den „European Geo-Park“. Vier Geo-Routen erschließen das Umland von Gerolstein, das wie ein erdgeschichtliches Lehrbuch offen liegt. Der „Felsenpfad“ führt durch die Gerolsteiner Dolomiten. Am Weg liegt die bereits erwähnte Buchenlochhöhle. Auch am Sarresdorfer Lavastrom, der sich vor rund 30 000 Jahren als jüngster Lavastrom der Eifel ins Tal wälzte, führt der Parcours vorbei. Am Ende der Tour überrascht die Kasselburg, eine der ältesten Burgen der Eifel. Das Gelände rund um die Burg ist heute Sitz eines Adler- und Wolfsparks und Heimat des größten Wolfsrudels Westeuropas.

NÜRBURGRING

Was wird aus der Grünen Hölle?

Als Grüne Hölle – die Bezeichnung stammt vom dreifachen Formel 1-Weltmeister Jackie Stewart – war der Nürburgring einmal als weltweit gefährlichste Rennstrecke zugleich geliebt und gefürchtet. Jahrelang sorgte er mit Finanzskandalen und dem Dauerstau bei der Lösung seiner Probleme für Schlagzeilen. Doch zum 90. Geburtstag läuft es wieder rund an der Eifelpiste.

Der Nürburgring ist pleite, die Rennstrecke und der gleichnamige Freizeitpark stehen zum Verkauf – so hieß es 2013. Bevor der Nürbugring Anfang 2015 an seinen derzeitigen Besitzer, ein Konsortium um den russischen Pharmamagnaten Viktor Charitonin ging, ließ man einige hitzige Debatten führen um die Zukunft des Rings, die immer noch nicht als gesichert galt – trotz der 613 Mio. Euro Insolvenzforderungen des Landes.

„Nürburgring 2009"

Die Hintergründe des Katastrophenszenarios erinnern an die Frühzeit des Nürburgrings. Als die Rennstrecke am 18. Juni 1927 eingeweiht wurde, war es erklärtes Ziel der Planer, der strukturschwachen Eifel mit dem Nürburgring wirtschaftlich unter die Arme zu greifen. Achtzig Jahre später erfolgte der erste Spatenstich für das Großprojekt „Nürburgring 2009". Wieder ging es um wirtschaftliche Perspektiven für die immer noch strukturschwache Region. Diesmal sollte sich zum eigentlichen Rennbetrieb ein Business- und Freizeitzentrum gesellen. Doch die Baukosten verdoppelten sich. Die Eröffnung des Ringracers wurde wegen technischer Probleme mehrmals auf den Sankt Nimmerleinstag verschoben. Statt 2009 erhielt die über 200 Stundenkilometer schnelle Achterbahn erst 2013 von den Behörden grünes Licht. Die Freude währte nur kurz. Wegen wirtschaftlicher Probleme steht die Attraktion längst wieder still. Und Brüssel prüfte, ob die rund 500 Mio. geflossener Subventionen rechtswidrig verteilt worden sind. Das Land trat auf die Bremse, der Nürburgring stand schließlich zum Verkauf.

Die Nürburging-Affäre

In Mainz ließ Ministerpräsidentin Malu Dreyer derweil ein paar Köpfe im Kabinett rollen, um die Regierung wegen des Missmanagements am Ring aus dem Feuer der Kritik zu holen. Vor dem Koblenzer Landgericht lief der Nürburgring-Prozess. Es ging um Untreue. Der Ex-Finanzminister von Rheinland-Pfalz, Ingolf Deubel, wurde 2014 wegen der gescheiterten Privatfinanzierung des Rings zu dreieinhalb Jahren Haft verurteilt, der Bundesgerichtshof hat dieses Urteil inzwischen teilweise aufgehoben.

Auf der Mercedes-Tribüne am Ende der Start- und Zielgeraden ist man dicht am Geschehen der Grand-Prix-Strecke.

Rennwagen sind zwar auch weiterhin auf dem Nürburgring unterwegs, für Schlagzeilen sorgten zuletzt aber weit häufiger Finanzskandale und Klagen gegen den Verkauf des Rings.

Oldtimer-Rennen auf der Grand-Prix-Strecke, aber auch auf der anspruchsvollen Nordschleife, gehören zu den großen Attraktionen des Nürburgrings.

Der Ring wechselt seine Besitzer

Das Rennen um den Kauf des Nürburgsrings machte 2014 nach etlichen Volten ein Bietergespann, bestehend aus dem Automobilzulieferer Capricorn und der Motorsportfirma Getspeed. Capricorn konnte letzenendes den Kaufpreis nicht aufbringen, und so gingen seine Mehrheitsanteile 2015 schließlich an eine Holding internationaler Investoren, zu der der russische Oligarch Viktor Charitonin gehört. In den Wirren der Übernahmeschlacht hatte Bernie Ecclestone zuvor bereits das Formel 1-Rennen abgesagt, wurde das imageträchtige Musikfestival „Rock am Ring" durch unhaltbare Bedingungen vertrieben, war mangels Nachfrage an Karten das Nachfolgefestival „Der Ring – Grüne Hölle Rock" gefloppt.

Herzlichen Glückwunsch, Nürburgring!

Inzwischen ist der Rennkalender gut gefüllt, gehen die Übernachtungszahlen nach oben. 2015 schloss der ADAC einen Vertrag mit dem Nürburgring ab, der bis 2018 jährlich 21 Motorsport-Veranstaltungen vorsieht. Events wie das 24-Stunden-Rennen, Oldtimer-Schaurennen, Truck-Grand Prix, ein 24-Stunden-Radrennen, Strongmen-Hindernislauf, aber auch das an den Nürburgring zurückgekehrte Megamusikfestival „Rock am Ring" locken die Scharen.

Zum 90. Geburtstag der legendären Rennstrecke sieht es so aus, dass der Mythos Nordschleife – mit insgesamt 73 Kurven auf 20,8 km und 307 m Höhenunterschied – auch ohne Formel 1 lebensfähig ist. An den Zapfsäulen der Tankstelle „Döttinger Höhe" lassen Schweizer, belgische, britische, italienische, dänische Kennzeichen erkennen, dass die Strahlkraft der Rennstrecke nach wie vor hoch ist.

Nur das Stahlgerüst des Ringracers, geplant als Topattraktion des Nürburg-Erlebniswelt, erinnert unübersehbar an Pleite, Pech und Pannen, für die der Nürburgring bis vor kurzem stand. Die millionenteure „schnellste Achterbahn der Welt" kam nie in Fahrt. Ob sie auf dem Schrottplatz landet, soll bis 2018 entschieden werden.

Informationen

Über Rennen, Termine, Angebote informiert die Internetseite: **www.nuerburgring.de**

Über aktuelle Entwicklungen informiert die Internetseite des Vereins „Freunde des Nürburgring": **www.freunde-des-nuerburgring.de**

Rock am Ring findet an Pfingsten statt, nächster Termin 1.-3. Juni 2018: **www.rock-am-ring.com**

Das Angebot nach Ihren Wünschen:

Wahl-Abo + Geschenk!

Sie wissen am besten, welche Reiseziele Sie interessieren. Also überlassen wir Ihnen die Entscheidung. Bei unserem Wahl-Abo können Sie jeden Monat neu bestimmen, ob Sie das aktuelle Heft möchten oder nicht. Sie haben keinerlei Verpflichtungen, dafür die Garantie, dass Ihnen kein Heft entgeht. Außerdem sparen Sie 15% gegenüber dem Einzelkauf und das Porto übernehmen wir für Sie. Bequemer geht's nicht.

GRATIS: Reisewecker mit Kalender, Alarm und Temperatur-Anzeige. 1 Knopfzelle inklusive. Maße ca. 7 x 6 x 1,5 cm.

Meine Vorteile

✓ **Gratis-Geschenk:**
praktischer Reisewecker.

✓ **Kein Risiko:**
keine Mindestabnahme, jederzeit kündbar.

✓ **Freie Entscheidung:**
Ich nehme nur, was ich möchte. Ein Vorschau-Newsletter informiert mich per E-Mail über das nächste Heft.

✓ **Ersparnis:**
Ich bezahle nur 8,50 € statt 9,95 € pro Ausgabe und spare 15% gegenüber dem Einzelkauf.

Man sieht nur, was man weiß. DUMONT BILDATLAS
Schnell anfordern unter: **www.dumontreise.de/select**

oder anrufen: **0711 72 52 265***

Bitte immer bei Ihrer Bestellung mit angeben: DMSEL152

Der DUMONT BILDATLAS erscheint im DUMONT Reiseverlag GmbH & Co. KG, Dr. Stephanie Mair-Huydts, Marco-Polo-Straße 1, 73760 Ostfildern, Registergericht Stuttgart, HRA 212395.
*Erreichbarkeit: 8:00 – 18:00 Uhr von Montag – Freitag.

Maßstab 1:225.000
0 2 4km
1
2
3
4
5
ADENAU
HILLESHEIM
GEROLSTEIN
DAUN
ULMEN
COCHEM
KAISERSESCH
MANDERSCHEID
KYLLBURG
PRÜM
ZELL
Naturpark
Hohes Venn-
Eifel
Vulkaneifel
Dahlem
Stadtkyll
Jünkerath
Lissendorf
Birresborn
Gillenfeld
Bad Bertrich
Mehren
Bullay
Alf
Pelm

Im Herzen der Eifel

Die Vulkaneifel ist das Herzstück der Region. Mit den Maaren, von denen einige zum Baden einladen, den Krimihochburgen Hillesheim und Daun und dem Nürburgring, dem trotz all seiner Probleme größten Besuchermagnet, bietet die Vulkaneifel für jeden Geschmack etwas.

1 Adenau

Das schmucke Fachwerkstädtchen (2800 Einw.) liegt in direkter Nachbarschaft zur Nordschleife des Nürburgrings.

SEHENSWERT
Im Buttermarkt-Viertel und am Markt stehen die **Fachwerkhäuser** (meist 17. Jh.) Spalier. Auch das **Eifeler Bauernhausmuseum** kam in einem Fachwerkhaus aus dem 17. Jh. unter; in den Stuben und Kammern wird der bäuerliche Alltag des 19. Jhs. erlebbar (Schulstraße, Tel. 02691 30 57 04; Führungen nach Vereinbarung).

UMGEBUNG
Der **Nürburgring** ist längst mehr als eine Rennstrecke. Die legendäre, 1927 eröffnete, 20,8 km lange Nordschleife wurde 1984 um eine Grand Prix-Strecke im Süden ergänzt. Über 100 Autorennen und 200 weitere Veranstaltungen, darunter das 2017 an die Rennstrecke zurückgekehrte Open Air Festival „Rock am Ring", bescheren dem Ring an die 700 000 Besucher pro Jahr. Der Freizeitpark ring°werk, inklusive historischer Siegerfahrzeuge, 4D-Kino, Blick hinter die Kulissen der Formel 1, Technik-Labor mit Windkanal, kommt dennoch nicht in Fahrt (www.nuerburgring.de).
Die Ruine der **Nürburg** (Urspr. 12. Jh.) thront auf dem sechsthöchsten Eifelgipfel (676,5 m). Vom Bergfried hat man einen wunderbaren Blick (www.burgen-rlp.de; April–Okt. Mi.–Mo. 10.00–18.00, Nov.–März Sa., So. 10.00–17.00 Uhr; bei Schnee geschl.).
Mit 747 m ist die **Hohe Acht** (östl.) der höchste Berg der Eifel, gekrönt vom 1908/1909 erbauten Kaiser-Wilhelm-Turm. Bei klarer Sicht reicht der Blick bis in die Kölner Bucht. Ein Wanderweg führt vom Parkplatz auf den Gipfel.

Das Hotel Blaue Ecke ist in einem der schönen Fachwerkhäuser in Adenau untergebracht (links). Weitblick von der Hohen Acht (rechts)

Tipp

Immer am Ufer entlang

Mit 130 km ist der Kylltalradweg einer der längsten Radwege der Eifel. Es geht von der Quelle der Kyll am Losheimer Graben bis zu ihrer Mündung in die Mosel bei Trier immer am Flüsschen lang. Höhepunkte sind Burg Lissingen, die Bertradaburg in Mürlenbach und Schloss Malberg. Als Zwischenstationen bieten sich Stadtkyll mit einem mittelalterlichen Stift, Hillesheim oder Gerolstein ein. Länge und Dauer der Etappen kann man dank der Bahnlinie Köln–Trier, die durchs Kylltal verläuft, bequem festlegen: 18 Bahnhöfe machen es möglich.

INFORMATION
www.eifel.info/kyll-radweg.htm

INFORMATION
Tourismusverein Hocheifel Nürburgring, Kirchstraße 15, 53518 Adenau, Tel. 02691 30 51 22, www.hocheifel-nuerburgring.de

2 Hillesheim

Eine Stadtmauer behütet den 1000 Jahre alten Ort (3100 Einw.), dessen Kern in den 1980er-Jahren saniert und dafür prämiert wurde.

SEHENSWERT
Hauptattraktion ist das **Kriminalhaus** (Am Markt 5–7, www.kriminalhaus.de), unter dessen Dach sich u. a. das Deutsche Krimiarchiv mit 30 000 Krimis (Di.–So. 10.00–18.00 Uhr), die Krimibuchhandlung Lesezeichen (Di.–Sa. 9.00 bis 18.00, So. 12.00–18.00 Uhr, www.lesezeichen-hillesheim.de) und das Krimithemen-Café „Sherlock" (Di.–So. 10.00–18.00 Uhr) befinden. Die **Geologisch-Mineralogische Sammlung** zeigt u. a. eine Korallenkolonie (Burgstraße 20; Mo.–Mi., Sa. 10.00–12.00, Do. 14.00–16.00 Uhr).

HOTEL UND RESTAURANT
In den Mauern eines Klosters entstand das **€ € / € € € Hotel Augustiner Kloster,** inklusive Sauna und Beauty-Spa (Augustiner Straße 2, 54576 Hillesheim, Tel. 06593 98 08 90, www.hotel-augustiner-kloster.de). It´s tea time: Die Britin Chrissie Rees hat ein altes Dorfhaus in das zauberhafte **€ € B&B All Seasons** verwandelt. Die beiden Zimmer (mit gemeinsamem Bad) sind klein, aber cosy (Auf der Betz 1, 54578 Loogh, Tel. 0172 6 51 92 46, www.eifel-landhaus-allseasons.de). Ein Charme-Hotel in der Eifel? Doch, gibt es, und zwar zu Füßen der Kerpener Burg: **€ € Die Einkehr**. Alle 15 Zim-

Tipp

Umsteigen ins Bett

Der Zug hält schon lange nicht mehr am Bahnhof von Utzerath (östl. von Daun). Umso ruhiger schläft es sich in dem zum Ferienhaus umgebauten Gebäude aus der Kaiserzeit. Helle Holzböden und die von Terrakottakübeln gesäumte Terrasse auf dem ehemaligen Bahnsteig sorgen für Behaglichkeit.

INFORMATION
Dorothée Rositzko, Tel. 06534 94 03 90, www.traum-ferien wohnungen.de/46700.htm

mer im spätbarocken Hof sind individuell gestaltet. Im Hoflokal wird mediterran gekocht (Bachstr. 2 D, 54578 Kerpen, Tel. 06593 3 09 96 00, www.die-einkehr.de, Hoflokal Mo., Mi. geschl.). Am Ahbach liegt die **€ Nohner Mühle** – zum Nohner Wasserfall läuft man 30 Minuten, dann geht es ans Kuchenbuffet (Nohner Mühle 2, Nohn, Tel. 02696 13 14, www.noh nermuehle.de; Ostern–Okt. tgl. ab 11.00 Uhr).

UMGEBUNG
Die Burg über **Kerpen** (nordöstl.) stammt aus dem 12. Jh. Die Anlage samt Palas, Kapelle und Schlosstrakt ist Privatbesitz und steht derzeit zum Verkauf (www.burgen-der-eifel.de/Burg-Kerpen).
Die romanische Kirche in **Niederehe** gehörte zu einem Augustinerinnenkloster. Nonnenempore, Chorgestühl aus dem 16. Jh. und Hochgräber zählen zur reichen Ausstattung. Die Klosterbauten selbst sind barock.
Über 6 m stürzt der **Nohner Wasserfall** in die Tiefe des Ahbachtals (nordöstl.). Seit der letzten Eiszeit hat das Wasser von drei Quellbächen eine gewaltige, von Moos und Flechten überwucherte Kalksinterbank wachsen lassen.

Tipp

Bad im Maar

Gut 20 m tief ist das Schalkenmehrener Maar, und sein Umfang ist mit 1775 m stattlich. Beim Baden im See braucht man dennoch keine Angst zu haben. Das Auge eines Bademeisters passt auf, denn das Nordufer ist als Naturfreibad eingerichtet, inklusive Liegewiese und grandioser Blicke über den stillen See.

INFORMATION
Schalkenmehrener Maar, Pitt-Kreuzberg-Weg, Tel. 06592 17 39 39, www.gesundland-vulkaneifel.de; Mai–Sept.

Immer in Bewegung: Wandern am Nohner Wasserfall (oben links), Klettern in der Nähe von Gerolstein (oben rechts) und Rodeln an der Hohen Acht (rechts).

INFORMATION
Urlaubsregion Hillesheim/Vulkaneifel, Am Markt 1, 54576 Hillesheim, Tel. 06593 80 92 00, www.hillesheimer-gerolsteiner-land.de

❸ Gerolstein

Dramatisch ragen Dolomitfelsen um den einstigen Grafensitz (7500 Einw.) auf. In aller Munde ist Gerolstein jedoch durch sein Mineralwasser.

SEHENSWERT
Die historisierende **Erlöserkirche** (1911–1913) in Sarresdorf prunkt mit goldenem Mosaikschmuck im neobyzantinischen Stil. Beim Bau wurden die Grundmauern des antiken Landhauses **Villa Sarabodis** gefunden. Ein Säulengang verbindet Kirche und die zum Museum umgewidmete Villa (beide nur mit Führung April–Okt. Mi. und Sa. 11.00 und 15.00 Uhr). Das **Naturkundemuseum Gerolstein** mit seiner Sammlung zu Mineralien, Fossilien, Eifelvulkanismus etc. ist im ehem. Rathaus von 1710 untergebracht (Hauptstraße 42; April–Okt. Mo. bis Sa. 14.00–17.00, So. 11.00–17.00 Uhr). Der **Gerolsteiner Brunnen** ist so ergiebig, dass pro Minute 1000 Flaschen Mineralwasser abgefüllt werden können (Vulkanring, Tel. 06591 14 238, www.gerolsteiner.de; Führung Mo.–Fr. 15.00 Uhr). Eisenbahnfreunde zieht es ins **Bahnbetriebswerk** (1913): Im Lokschuppen werden Dampf- und Dieselrösser gewartet; immer wieder finden Konzerte und Events statt (Kasselburger Weg 16, Tel. 06591 94 99 87 00, www.lokschuppengerolstein.de).

UMGEBUNG
Für Wanderer und Radler erschließt der **Geopark Vulkaneifel** (www.geopark-vulkaneifel.de) das Gerolsteiner Land auf diversen Touren. Geologisch interessante Stätten stehen dabei im Mittelpunkt – wie auch in den Museen in Daun, Gerolstein, Hillesheim, Jünkerath (Eisenmuseum, Römerwall 12; Mi.–Fr., So. und Fei. 13.00–17.00 Uhr), Manderscheid und Strohn. Die **Kasselburg** mit dem markanten Doppelturm (14. Jh.) in Pelm beherbergt einen Adler- und Wolfspark (www.adler-wolfspark.de; März bis Okt. tgl. 10.00–18.00, Raubvogel-Flugprogramm Di.–So. 11.00 und 15.00, Wolfsfütterung 11.45 und 15.45 Uhr, im Winter reduziertes Programm).

INFORMATION
Tourist-Information, Brunnenstraße 10, 54568 Gerolstein, Tel. 06591 94 99 10, www.hillesheimer-gerolsteiner-land.de

❹ Daun

Die Kreis- und Burgstadt (8200 Einw.) ist dank der Dunarisquelle Kur- und Kneipport. Die Dauner Maare, drei benachbarte Seen vulkanischen Ursprungs, liegen direkt vor der Stadt.

SEHENSWERT
Die **Burg** hat ihren Ursprung um 1000. Das 1712 im Burgbereich errichtete **Kurtrierische Amtshaus** wurde zum Luxushotel mit Sternerestaurant „Graf Leopold" (www.daunerburg.de). Im **Eifel-Vulkanmuseum** kann man auf Knopfdruck einen Vulkan hochgehen lassen (Leopoldstraße 9, www.eifel-vulkanmuseum.de; Ostern–Okt. Di.–So. 11.00–16.30 Uhr). In der **Dauner Kaffeerösterei** darf man sich durch

Der Gerolsteiner Brunnen ist so ergiebig, dass pro Minute 1000 Flaschen Mineralwasser abgefüllt werden können.

zehn Haussorten probieren (Wirichplatz 16a, www.dauner-kaffeeroesterei.de; Mo., Mi.–Fr. 10.00–18.00, Di. und Sa. 14.00–18.00 Uhr).

HOTEL UND RESTAURANT
Von den schönsten Zimmern des **€ € /€ € €** **Landidyll NaturPurHotel Maarblick** schweift der Blick über das Meerfelder Maar. Im Restaurant werden biozertifizierte Produkte der Eifel hochgehalten. Meerbacherstr. 52, 54531 Meerfeld, www.naturpurhotel.de.

UMGEBUNG
Die **Dauner Maare** TOPZIEL laden zum Baden, Bötchen fahren (Gemündener und Schalkenmehrener Maar) und Wandern (7 km langer Rundweg ab Parkplatz Gemündener Maar) ein. In **Neroth** zeigt das Mausefallenmuseum in der alten Schule von 1844, wie das Dorf früher vom Bau von Mausefallen gelebt hat (April bis Okt. Mi. 14.00–16.00, Fr. 15.00–17.00 Uhr www.mausefallendorf.de/museum).

INFORMATION
Tourist-Information, Leopoldstraße 5, 54550 Daun, Tel. 06592 95 13 70, www.gesundland-vulkaneifel.de

5 Manderscheid

Vor den Toren des Kneippkurortes (1300 Einw.) ragen zwei Burgen aus dem Liesertal auf.

SEHENSWERT
Die **Manderscheider Burgen** liegen in Sichtnähe. Die ältere Oberburg (Urspr. 12. Jh.) ist frei zugänglich; von der Ruine schaut man auf die Unterburg (www.niederburg-manderscheid.de; April–Okt. Mi.–Mo. 10.30–17.00 Uhr).
Das **Maarmuseum** widmet sich der Entwicklung der Maare. Höhepunkt ist das 45 Mio. Jahre alte Eckfelder Urpferd, eine versteinerte, im Eckfelder Maar gefundene Stute (Wittlicher Straße 11, www.maarmuseum.de; April–Okt. Di.–Sa. 10.00–12.00 und 14.00–17.00, So. und Fei. 13.00–17.00 Uhr, im März kürzer).

UMGEBUNG
Das 200 m tiefe **Meerfelder Maar** ist das größte Maar der Vulkaneifel. In **Strohn** erinnert eine „Lavabombe" an die Kräfte der Vulkane; im Vulkanhaus und auf dem Erlebnispfad erfährt man mehr (www.vulkanhaus-strohn.de; April–Okt. Di.–So. und Fei. 10.00–17.00, sonst Di.–So. 13.00–17.00 Uhr).

VERANSTALTUNG
Das **Burgenfest** lockt im Aug. mit Rittern, Turnier und Gauklern (www.burgenfest.info).

AKTIVITÄT
Der **Manderscheider Burgensteig** ist ein 6 km langer Rundweg durch das Lieser-Tal.

INFORMATION
Tourist-Information, Grafenstraße 21, 54531 Manderscheid, Tel. 06572 9 98 90 05, www.gesundland-vulkaneifel.de

Genießen Erleben Erfahren

DuMont Aktiv

Hillesheimer Krimitouren

Wir haben es geahnt: Die deutsche Provinz ist eine Mördergrube, die tiefe Eifel ihr finsterster Winkel. Nirgendwo sonst in Deutschland wird häufiger gemeuchelt als im Mittelgebirge zwischen Köln und Trier. An die 500 Eifel-Krimis beweisen es. Wir treffen uns zur Spurensuche in Hillesheim. Die „Eifel-Krimi-Tour", zu der wir mit den Chefermittlerinnen Klara Fall, Hella Blick und Dane Spur – natürlich Pseudonyme – verabredet sind, führt zu Tatorten aus Büchern von Jacques Berndorf und Ralf Kramp, den prominentesten Eifelkrimi-Schriftstellern. Vier Stunden Wandern und ein Dutzend Fälle liegen vor uns.

Erster Stopp in Berndorf: „In welchem Haus hat Siggi Baumeister, gebeutelter Journalist und Held fast aller Jacques-Berndorf-Krimis, gewohnt und ermittelt?" Die Antwort sei hier nicht verraten. Nur so viel: Klara Fall drückt den Stempel mit Pistolenmotiv, den es für jede richtige Antwort gibt, in den Notizblock. Zweiter Stopp im Steinbruch am Weinberg. In „Eifel-Wasser", ebenfalls von Berndorf, ist der Tümpel Fundort des von Geröll verschütteten Lebensmittelchemikers Breidenbach. Unfall oder Mord?

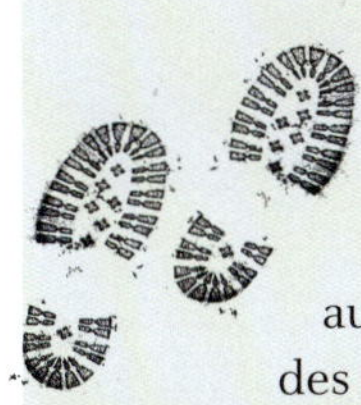

Bedrohlich rauschend kündigt sich Tatort 3, der Nohner Wasserfall, an. Herbie Feldmann, Held eines halben Dutzend Krimis von Ralf Kramp, ermittelt hier in „Hart an der Grenze" in Sachen Mord. Das Opfer ist ein amerikanischer Kriegsveteran auf Europareise. Eine Fußprothese erregt dabei die Aufmerksamkeit des Ermittlers – die zu finden ist die nächste Aufgabe ...

Weitere Informationen

Informationen: im Internet auf www.kriminland-eifel.de, www.tatort-eifel.de und www.blutspur.de

Eifel-Krimi-Touren: Mit den Chefermittlerinnen auf Tatortsuche, 2 oder 4 Std. (5 bzw. 10 km) rund um Hillesheim, alternativ auch rund um Kerpen (www.krimiland-eifel.de).

Eifelkrimi-Wanderweg: Rund um Hillesheim (55 km) zu 12 Tatorten aus Eifelkrimis (http://fr.eifel.info/eifel-krimi-wanderweg.htm).

Die Eifel scheint weit weniger friedlich zu sein, als die Landschaft suggeriert – zumindest, wenn man den vielen Eifelkrimis glaubt, deren Schauplätze man auf Touren besuchen kann.

Von Bier, Burgen und Felsen

Im Süden geht die Eifel nahtlos in die belgischen Ardennen und die Luxemburgische Schweiz über. Die Landschaft scheint mit bizarren Felsformationen, tiefen Wäldern, stolzen Burgen und verbummelten Dörfern dem Grimmschen Märchenbuch entnommen zu sein. Bekannt ist die Südeifel vor allem für ihr Bier, das aus echtem Eifler Siegelhopfen gebraut wird.

Kurz vor der Französischen Revolution entstand Schloss Weilerbach Ende des 18. Jahrhunderts als Sommerresidenz der Echternacher Äbte.

„Eine märchenhafte Felsenwelt …“: Im Felsenland Südeifel finden sich bei Ernzen die Teufelsschlucht (oben links) und der Felsenweiher (unten links), die Irreler Wasserfälle genannten Stromschnellen der Prüm zwischen Prümzurlay und Irrel (oben rechts) und bei Bollendorf die Sauer (unten rechts), bis hoch nach Belgien Grenzfluss zu Luxemburg.

Im Jahr 1900 veröffentlichte Clara Viebig, Tochter eines Oberregierungsrates und Abgeordneten der Frankfurter Nationalversammlung, „Das Weiberdorf". In dem naturalistischen Roman, der in einem Ort namens Eifelschmitt spielt, erzählt die 1860 in Trier geborene Schriftstellerin vom Eifelalltag am Ende des 19. Jahrhunderts. Während die Männer die meiste Zeit des Jahres in den fernen Stahlwerken und Gruben des Ruhrgebiets arbeiteten, blieben die Frauen im Dorf zurück, kümmerten sich um Kinder, Vieh und Felder. Viebig zeichnete ein Sittengemälde, das von Armut, ewig scheinenden Wintern, freudlosen Wirtshäusern, Missgunst, sexuellen Nöten und der alles bestimmenden Kirche geprägt war.

Der grenzüberschreitende Deutsch-Luxemburgische Naturpark präsentiert sich als wanderfreundliches Felsenland.

Dass sich hinter dem fiktiven Eifelschmitt das Dorf Eisenschmitt verbarg, war aller Welt schnell klar – auch den Frauen aus Eisenschmitt, die mit Mistgabeln bewaffnet und zeternd auf die Schriftstellerin losgingen. Den Stoff für den Roman hatte Clara Viebig als junges Mädchen bei Ausflügen in die Eifel gefunden. Aus dieser Zeit stammt auch ihre Liebe zur Region, die sie in ihren Erzählungen und Romanen literarisch umsetzen sollte.

Auf Gegenliebe stieß sie dafür bei den Eiflern lange Zeit nicht. Noch 1990, als der Oberkailer Künstler Johann Baptist Lenz den neuen Dorfbrunnen mit „Weiberdorf"-Motiven zierte, war der Unmut groß. Vorbei. Denn mit dem Clara-Viebig-Zentrum hat der lokale

Jedes Ostern zieht es die Schöneckener zur Eierlage: Ein „Läufer" versucht seine Strecke zu absolvieren, bevor der „Raffer" die 104 im Ort ausgelegten rohen Eier in seinen Korb gesammelt hat.

Malberg bei Kyllburg vereint seit seiner Gründung im Mittelalter die unterschiedlichsten Baustile.

Über Mürlenbach im Kylltal erhebt sich die Bertradaburg, einst auf den Resten eines Römerkastells an der Militärstraße von Trier nach Köln errichtet.

An den jahrhundertelangen Bergbau in Bleialf erinnert das Besucherbergwerk mit seinem Mühlenberger Stollen.

„Förderkreis Kultur und Geschichte von Eisenschmitt" der Schriftstellerin inzwischen ein Denkmal gesetzt.

Burgen und Schlösser

Nördlich von Kyllburg thront ein Schloss auf einem Bergsporn hoch über der Kyll. Der Bau ist so imposant, dass er jeden Vorbeikommenden zum Innehalten zwingt. Mit herrschaftlicher Geste verschafft sich Schloss Malberg Respekt. Zu Füßen der Anlage, die eine Renaissanceburg, einen spätbarocken, italienisch anmutenden Arkadenbau und das glanzvolle Neue Haus samt Terrassen, Gärten und Schlosskapelle umfasst, duckt sich das Dorf. Die Botschaft ist eindeutig: Wir hier oben, ihr da unten. Doch das alte Machtgefüge hat sich längst aufgelöst.

Der einst strategisch wichtige Südwesten der Eifel präsentiert noch unzählige Burgen über tief eingeschnittenen Flusstälern.

Nachdem 1990 die letzten Nachkommen der Malberger den Unterhalt nicht mehr aufbringen konnten, ist die Verbandsgemeinde Kyllburg Eigentümer.

In der an Burgen und Schlössern reich gesegneten Südeifel hat der Eigentümerwechsel nicht nur diesem Schloss gutgetan. Die Nutzung der alten Gemäuer variiert. Um die Manderscheider Niederburg kümmert sich seit 1899 der Eifel-Verein. Und in Bitburg beherbergt das auf den Fundamenten einer Wasserburg um 1750 errichtete Rokokoschloss eine integrative Kindertagesstätte und Förderschule. Auf der 700 Jahre alten Wasserburg Rittersdorf laden hingegen Sylvia und Achim Herrmann in ihr Gourmetrestaurant „Herrmann's". Auch das barockgelb getünchte Schloss Niederweis im lauschigen Nimstal lädt

Mit einer Produktion von rund vier Millionen Hektolitern Bier pro Jahr gehört die Bitburger Brauerei zu den ganz Großen in Deutschland.

Holsthumer Hopfen zählt zu den besten – das meinen nicht nur Hopfenbauer Andreas Dick und die Bitburger Brauerei.

Noch ist rund um Holsthum kein Hopfen zu sehen – im Frühjahr blühen hier erst einmal Raps und schöne Streuobstwiesen.

mit seinem Restaurant zum Verweilen auf der Gartenterrasse ein. Das Rokokojuwel Schloss Weilerbach schließlich verdankt seine Rettung dem Landkreis Bitburg-Prüm, der den heiteren Bau für Kulturveranstaltungen nutzt. Die Ausnahme bildet Schloss Hamm. Die spätmittelalterliche Wehranlage ist die größte der noch privat bewohnten Eifelburgen. Doch der finanzielle Aufwand zwingt auch die Grafen von und zu Westerholt und Gysenburg in die Gastgeberrolle. Es gibt Ferienwohnungen, in der Kapelle kann man sich trauen lassen, im Rittersaal werden Konzerte gegeben, und rund um das von zwei Wehrtürmen gefasste Haupthaus finden Events statt.

Hopfen und Brauereien

„Hopfen braucht nasse Füße und einen warmen Kopf", weiß Andreas Dick. Seit den sechziger Jahren bauen die Dicks im südlichen Prümtal Hopfen an. Die an langen Stangen gezogenen, bis zehn Meter hohen Pflanzen finden hier genau die Bedingungen vor, die Andreas Dick so treffend zusammenfasst. Zwischen Prümzurlay und Holsthum stehen die Stangen wie überdimensionierte Spargel Spalier – willkommen im „amtlichen Hopfenanbaugebiet Holsthum".

Die Hopfendolden verleihen dem Bier Aroma und lassen die Schaumkrone wie gewünscht stramm über dem Glasrand stehen. Hopfenbauer Dick liefert ausschließlich an die Bitburger Brauerei in der zehn Kilometer entfernten Kreisstadt. Kollegen früherer Zeiten belieferten hingegen vor allem Kölner Brauereien. 386 Hopfenbauern hat es einmal im Bitburger Land gegeben. 1868 riefen sie in Bitburg den Hopfenbauverein ins Leben.

Wie wichtig der Bitburger Siegelhopfen für die Bitburger Brauerei ist, erfährt man in der hypermodernen Marken-Erlebniswelt des im Jahr 1817 gegründeten Hauses. Dass die erstklassige Braugerste von den Höhenlagen der Eifel und das klare Eifelwasser aus dem hauseigenen, rund 300 Meter tiefen Brunnen ebenfalls ihren Anteil am

Der vielseitige Künstler Georg Meistermann ist in ganz Europa vor allem für seine Glasfenster bekannt. Die Apokalyptischen Reiter schuf er 1954 für das Alte Rathaus von Wittlich, heute Georg-Meistermann-Museum.

Typischer Heilortflair: Bad Bertrichs Flaniermeile bietet Erholung vom manchmal durchaus harten Kurleben.

Als Badeleben adliger Gesellschaft vorbehalten war, entstand am Vorabend der Französischen Revolution das kurfürstliche Badehaus, heute als Bad Bertrichs Kurschlösschen bekannt.

Wittlichs ehemalige Synagoge verbindet Neuromanisches mit Jugendstilelementen.

Eifel-Weinbau

Special

Überraschung

Dass an der nahen Mosel Wein angebaut wird, ist bekannt. Dass in der Eifelstadt Wittlich auch ein paar Winzer beheimatet sind, dürfte aber viele überraschen. Südlich von Wittlich steigen die Hügel sanft an. Reben bedecken die Südhänge, soweit das Auge reicht. Möglich macht den Weinbau das Mikroklima der Wittlicher Senke. Klosterberg, Portnersberg, Bottchen, Felsentreppchen und Wittlicher Lay heißen die fünf Lagen, deren Schieferböden die Sonnenwärme tanken. Wälder halten die eisigen Winde ab. Auch für die Riesling-, Weißburgunder-, Kerner-, Regent- und Spätburgunderreben, die das Weingut Lütticken gepflanzt hat. Im Probierraum „Lütticken Kabinett" kann man vom herb-fruchtigen Riesling Classic bis zur feinen Trockenbeerenauslese die Tropfen des Weinguts probieren.

Erfolg des an deutschen Theken erfolgreichsten Pils haben, erfahren die Besucher selbstverständlich auch.

Jüdisches Leben in der Eifel

„Darum weine ich so…" steht in hebräischen und deutschen Worten auf dem Gedenkstein in der Synagoge Wittlich. Es folgen die Namen aller Mitglieder der einst bedeutenden jüdischen Gemeinde, die im nationalsozialistischen Deutschland zu Tode kamen. Zwischen Oktober 1941 und Juli 1942 wurden die letzten in Wittlich verbliebenen Juden, denen die rechtzeitige Flucht vor Kriegsausbruch nicht gelungen war, deportiert, darunter die fünfzehnjährige Liselotte Mendel und die zweiundachtzigjährige Babette Bermann.

Gut 70 Jahre nach Ende des Zweiten Weltkriegs gibt es in Wittlich immer noch keine jüdische Gemeinde. Von den einst 300 jüdischen Wittlichern, die ehemals in der Eifelstadt lebten, kehrte niemand zurück. Jeder Dritte wurde in einem Konzentrationslager ermordet.

Sichtbarster architektonischer Zeuge des jüdischen Lebens bleibt in Wittlich die Synagoge. Der 1910 von Kreisbaumeister Johannes Vienken errichtete Bau dient seit 1976 als Kultur- und Tagungsstätte, in der eine Dauerausstellung an das „Jüdische Leben in Wittlich" erinnert. Ein weiterer Erinnerungsort ist der Jüdische Friedhof am Städreberg, dessen älteste Grabsteine von 1671/1672 stammen.

Südeifeler Schweiz

Nördlich von Irrel läuft die bislang beschauliche Prüm plötzlich Amok. Flankiert von Buntsandsteinfelsen, legt der Fluss gewaltig an Tempo zu und jagt in Stromschnellen davon, die in der Eifel ihresgleichen suchen. Eine überdachte Fußgängerbrücke führt über tosendes Wasser ans andere Ufer. Wenige Kilometer flussaufwärts dann tauchen von Wind und Wetter rund gescheuerte Felssolitäre im Wald auf. Ein wenig erinnert die Szenerie an die Sächsische Schweiz. Schon verschluckt die Teufelsschlucht den Wanderweg. Knapp 30 Meter hohe Felswände engen den Parcours ein. An einer Stelle hat sich ein tonnenschwerer Felsbrocken über den Köpfen in der kaum mehr als schulterbreiten Schlucht verklemmt. Ein typisches Szenario für das Ferschweiler Plateau. Die acht mal vier Kilometer große Hochebene fällt zu drei Seiten mit hohen Sandsteinformationen ab. Wo der Fels der Prüm den Lauf verbarrikadiert hat, suchte sich das Wasser mit Gewalt neue Wege – das Ergebnis ist eine Märchenlandschaft von geradezu Schweizer Flair.

KLOSTERSTERBEN IN DER EIFEL

Lebensmodell ohne Zukunft?

St. Thomas, um 1185 als erstes Zisterzienserkloster in Deutschland gegründet, dient dem Bistum Trier als Exerzitienhaus. Die ehemalige Benediktinerabtei Prüm beherbergte ein Gymnasium. Was viele Klöster bereits ereilt hat, ist nun auch für das Zisterzienserkloster Himmerod beschlossene Sache – die Schließung.

Nicht immer lässt es Menschen unberührt, wenn ein Kloster schließt. In Himmerod nutzte aller Bürgerprotest, alles Engagement nichts. Im Oktober 2017 gab Abt Johannes Müller bekannt, dass das Konvent aufgelöst wird. Dabei wurde Himmerod einst persönlich von Bernard von Clairvaux ausgesucht. Der burgundische Graf war die führende Persönlichkeit des damals noch jungen Ordens. Mütter sollen ihre Kinder versteckt haben, sobald er sich einem Dorf näherte, um sie der verführerischen Wortgewalt Bernards zu entziehen. Vergebens. Die Kinder fanden den Weg in die Abteien. Die Elite Frankreichs und der deutsche König Konrad III. erlagen dem Charisma Bernards, der sich nicht scheute, für die christliche Sache sogar zum Schwert greifen zu lassen. So empfahl er dem deutschen Reichstag zu Frankfurt einen Kreuzzug gegen die heidnischen Wenden. Sein Übersetzer war Frowin, erster Abt der soeben gegründeten Zisterzienserabtei Salem am Bodensee.

Auf der Suche nach Orten für Klostergründungen kam Bernard mit einigen Zisterzienserbrüdern 1135 auch ins Salmtal. Die Lage südlich von Eisenschmitt entsprach genau den Gegebenheiten, die für ein Zisterzienserkloster erforderlich waren. Abgelegen sollte es sein, an einem Wasserlauf, der die Fischzucht ermöglichte – in seiner Frühzeit war den Zisterziensern der Verzehr von Fleisch untersagt. Die Abtei wuchs, wurde im Barock umgebaut und unter der französischen Besatzung 1802 aufgehoben. Himmerod verfiel.

Der Kreuzgang des Zisterzienserklosters Himmerod

1922 gründeten Zisterziensermönche aus der Abtei Marienstatt im Westerwald das Kloster neu. Die Kirche wurde bis 1962 wiederaufgebaut. Zuletzt lebten nur noch fünf Padres in dem gewaltigen Komplex – vor 40 Jahren waren es noch 30. Die finanzielle Lage wurde zunehmend prekärer. So mussten nach großen Verlusten 2008 und 2009 Mitarbeiter entlassen und ein Insolvenzantrag gestellt werden.

Die drohende Insolvenz konnte abgewendet werden. Es wurde ein Förderverein gegründet, der 800 Mitglieder zählt. Wirtschaftsbetriebe wie die Gaststätte und die Buch- und Kunsthandlung sind nun in privater Hand, die Klosterfischerei ist an das DRK verpachtet. Im September 2015 aber geriet das Kloster in die Schlagzeilen, als es bei einem Auktionshaus eine wertvolle Handschrift und Inkunabeln aus seiner Bibliothek versteigern ließ. Fachleute schrieen auf, in der Öffentlichkeit löste der Schritt Empörung aus. Die Handschrift wurde daraufhin von der Auktion zurückgezo-

Von der Gaststätte des Klosters Himmerod bleibt das Zentrum der Abtei, die Kirche, im Blick (links). Ein Mönch im Obstkeller des Klosters (oben).

gen und von dem Landesbibliothekszentrum Rheinland-Pfalz erworben.

Abt Johannes Müller ging weiter neue Schritte. So wechselte der Klostergarten an eine Frau aus Niederöfflingen, die den Klostergarten gepachtet hat. Am Ende schrieben Klosterrestaurant und der Buchladen sogar wieder schwarze Zahlen. Mit der Zahl der Mönche aber ging es weiter bergab. Das von der Mehrerauer Kongegation, einem Zusammenschluss von 19 Zisterzienserklostern, verhängte Aus kam auch angesichts eines in die Millionen gehenden Investitionsstaus. Die Immobilien und Grundstücke gehen nun an das Bistum Trier. Dort ist man zuversichtlich, dass Kloster Himmerod ein spiritueller Ort bleibt. Vorerst geht der Betrieb normal weiter. Fortsetzung folgt?

Informationen und Öffnungszeiten

Abtei Himmerod, Himmerod 3, 54534 Großlittgen, Tel. 06575 9 51 30, www.abteihimmerod.de; Öffnungszeiten Mo.–Fr. 9.00 bis 11.30 und 14.30–17.00, Sa. 9.00–11.30 Uhr
Buch- und Kunsthandlung/Klosterladen: März–Okt. Di.–So., Fei. 11.00–18.00, Nov.–Feb. Mi.-So., Fei. 11.00-17.00 Uhr
Klostergaststätte: Mi.–So., Fei. 11.00–20.00 Uhr, Tel. 06575 95 13 44
Gästehaus: Wolfgang Valerius, Tel. 06575 95 13 80 oder info@abteihimmerod.de

Maßstab 1:225.000
BELGIË
BELGIQUE
PRÜM
BITBURG
WITTLICH
KYLLBURG
MANDERSCHEID
NEUERBURG
ECHTERNACH
VIANDEN
LUXEMBOURG
Naturpark
Vulkaneifel
Südeifel

Paradies nicht nur für Naturliebhaber

Ob Schneifel oder Waldeifel, schon im Namen verweist die Südeifel auf ihr Hauptkapital: viel Natur und noch mehr Möglichkeiten, in Wanderschuhe zu steigen oder mit dem Kanu abzulegen. Als Bonus gibt es Burgen, Schlösser, Klöster zuhauf – und damit ist auch bei schlechtem Wetter für Unterhaltung gesorgt.

1 Prüm

Waldstadt nennt sich Prüm in Bezug auf die Landschaft ringsum. Abteistadt wäre auch treffend, denn im Luftkurort (5300 Einw.) führt kein Weg am grandiosen Barockgebirge der 799 geweihten und 1802 aufgehobenen Abtei vorbei.

SEHENSWERT
Das Westwerk der **Basilika St. Salvator** (1721) überragt mit seinen beiden Türmen die Altstadt. Die prachtvollen schlossartigen **Abteigebäude** (um 1745; heute Regino-Gymnasium) gehen auf Pläne des fränkischen Barockbaumeister Balthasar Neumann zurück. Das **Museum Prüm** widmet sich neben der Geschichte des Klosters auch Weltlichem, etwa der ländlichen Wohnkultur oder dem landwirtschaftlichen Alltag (Tiergartenstraße 54; Juni bis Mitte Sept. Di., Do., Sa. und So. 14.00 bis 17.00, sonst Mi., Sa. und So. 14.00–17.00 Uhr).

AKTIVITÄTEN
„Auf Schmuggeltour mit Anna Grenze und Wilma Rüber" nennt sich die 7 km lange **Grenzwanderung** mit zwei Gästeführerinnen. Im Mittelpunkt steht der Kaffeeschmuggel an der deutsch-belgischen Grenze (Anmeldung über Tourist-Information Prümer Land).
Ski und Rodel gut am **Schwarzen Mann** bei Gondenbrett – mit dieser Nachricht erfreute die Schneifel früher Wintersportfans. Doch ist auf den Winter auch hier kein so richtiger Verlass mehr. Wenn allerdings die Skilifte im Wintersportgebiet Schwarzer Mann in Betrieb sind, ist der Spaß groß (Schwarzer Mann 1, Gondenbrett, Tel. 0151 140 140 80, www.skiverleih-schwarzermann.de; aktueller Schneebericht für die Schneifel unter Tel. 06551 44 22).

HOTELS
Im **€ € Haus Feldmaus** (nördl. von Prüm) fühlt man sich wohl! Die Zimmer sind so verschieden wie ihre Namen: Prinzenkammer, Meerspiegel ... (Knaufspecher Straße 14, 54597 Olzheim, Tel. 06552 99 22 0, www.feldmaus.de).
7 km östl. von Prüm ist der **€ Ferienhof Feinen** ein besonders familienfreundlicher Betrieb. Der Bauernhof wurde zudem zur Arche für alte Haustierrassen (u. a. Deutsches Sattelschwein, Meißner Widder, Pommern-Ente; Brunnenstraße 6, 54597 Fleringen, Tel. 06558 85 70, www.ferienhof-feinen.de).

Ein Raum in der Klosterkirche St. Thomas (oben), Chorgestühl der Basilika in Prüm (rechts oben), Barockpracht in Prüm (rechts unten)

UMGEBUNG
Schönecken (südöstl.) ist das Zentrum der für ihre Dolomitfelsen bekannten Schönecker Schweiz. Die Burg der Grafen von Vianden ist Ruine, das Brauchtum hingegen lebendig. Die Schönecker Eierlage ist ein 7 km langer Osterlauf inklusive Eiersammeln in historischen Kostümen (www.eierlage.de; Ostermontag).
In **Bleialf** (15 km nordw.) wurde vom Mittelalter bis ins 20. Jh. Blei gewonnen. Im Besucherbergwerk Mühlenberger Stollen erfährt man bei einer Führung mehr (Bergmannsverein St. Barbara, Auwer Straße 32, Tel. 06555 12 27, www.besucherbergwerk.bleialf.org; Mai–Okt. Sa. und So. 14.00–17.00 Uhr nach Absprache).

INFORMATION
Tourist Information Prümer Land, Hahnplatz 1, 54595 Prüm, Tel. 06551 5 05, www.ferienregion-pruem.de

2 Neuerburg

Der von einer Burg beherrschte Ort (1500 Einw.) gilt als kleine Hauptstadt des grenznahen und oft umkämpften Islek. Das Leben spielt sich vor allem am Marktplatz ab.

SEHENSWERT
In der zuletzt 1692 zerstörten, im Urspr. mittelalterlichen **Burg** ist heute eine Jugendherberge untergebracht. Erhalten sind ein Torbau und der Palas; aus dem 18. Jh. stammt das Herrenhaus. Auf Augenhöhe zur Burg erhebt sich die spätgotische **Pfarrkirche St. Nikolaus** (15./16. Jh.). Der angesetzte Turm ist zugleich Tor zur Burganlage.

INFORMATION
Tourist-Information, Postfach 1120, 54673 Neuerburg, Tel. 06564 1 94 33, www.neuerburgerland.de

3 Bitburg

Ein Rest mittelalterlicher Stadtmauer und ein Stück rekonstruierter römischer Mauer können nicht darüber hinwegtäuschen, dass die Kreisstadt (12 700 Einw.) im Zweiten Weltkrieg schwer zerstört wurde. Doch hier dreht es sich ohnehin in erster Linie um Bier – die Flotte der Autos, die die Buchstaben BIT-TE im Kennzeichen tragen, ist beachtlich. Die Wagen rollen für den weit und breit größten Arbeitgeber – die Bitburger Brauerei.

SEHENSWERT

Das **Kulturzentrum Haus Beda** vereint die größte Sammlung von Gemälden des Eifel-Malers Fritz von Wille (1860–1941). Im Atrium sind römische Funde aus der Region zu bewundern (Bedaplatz 1, Tel. 06561 96 45 0, www.beda-haus.de; Di. 14.00–17.00 Uhr und nach Vereinb.). Das **Kreismuseum Bitburg-Prüm** versteht sich als modernes Heimatmuseum (Trierer Straße 15, www.kreismuseum-bitburg-pruem. de; März–Okt. Di. und Mi. 11.00–17.00, Do.–So. 14.00–17.00, sonst So. 14.00 bis 17.00 Uhr). Hauptattraktion aber ist die **Bitburger Marken-Erlebniswelt.** Auf 1700 m² kann man während des Rundgangs die fast 200-jährige Geschichte der Brauerei nacherleben und anschließend im alten Kesselhaus ein Bit genießen (Römermauer 3, Tel. 06561 14 24 97, www.bitburger.de; Sommer Mo.–Fr. 10.00–19.00, Winter Di.–Fr. 10.00–18.00, Sa. jeweils 10.00 bis 18.00, So. jeweils 11.00–16.30 Uhr).

UMGEBUNG

Schloss Hamm verbindet ein Wanderweg mit dem nahen Stausee Bitburg. Beeindruckend erhebt sich der von zwei Rundtürmen flankierte, viergeschossige Wohnbau aus dem 14. Jh. Ebenso alt sind gotischer Saal, Wehrmauer und Burghof. Es gibt zudem zwei Ferienwohnungen (www.schlosshamm.com).

Tipp

Ein Lesezeichen

Große Schriftsteller in kleinen Orten, ein interessiertes Publikum, dafür ist das Eifel-Literatur-Festival bundesweit bekannt. Hertha Müller etwa, die 2009 den Nobelpreis für Literatur erhielt, las zum Festivalfinale 2012. Zu den seinerzeit 24 Veranstaltungen mit 27 Autorinnen und Autoren kamen immerhin 15 000 Besucher. Auch weiterhin werden an verschiedenen Orten im Umkreis von Prüm und Bitburg führende deutsche Schriftsteller aus ihren Werken lesen – Provinz hört sich anders an.

INFORMATION
Literaturbüro Eifel, Info-Tel. 06551 24 89, www.eifel-literatur-festival.de; April–Okt.

Das TOPZIEL **Felsenland Südeifel** bietet Naturwunder auf engem Raum (www.felsenland-suedeifel.de). Dazu zählt das Ferschweiler Plateau (www.ferschweiler.de) an der Grenze zu Luxemburg; die Hochebene wurde früh christianisiert – der irische Mönch Willibrord selbst soll nördl. von Ferschweiler das Fraubillenkreuz aus einem 4000 Jahre alten Menhir gemeißelt haben. In der Teufelsschlucht (www.teufelsschlucht.de) östl. Ernzen verläuft ein Rundweg durch eine Buntsandsteinschlucht. Fast ebenso eindrucksvoll sind der Felsenweiher bei Ernzen und die Irreler Wasserfälle. **Schloss Weilerbach** ist ein Rokokojuwel mit industrieller Vergangenheit. Die Benediktinerabtei Echternach betrieb im Eifeler Grenzort Weilerbach ab 1779 eine Eisenhütte. Als Verwaltungssitz der Hütte und Sommerresidenz der Äbte wurde 1780 das Schloss daneben errichtet. Bis in die späten 1950er-Jahre wurde produziert. 1991 konnte der Landkreis Bitburg-Prüm das zerfallene Schloss erwerben und restaurieren. Der Schlossgarten besticht durch spätbarocke Eleganz. Gegenüber kann man die Reste der ehem. Hüttengebäude besichtigen (www.bitburg-pruem.de/cms/kultur/schloss-weilerbach).

AKTIVITÄTEN

Das **Cascade Erlebnisbad** lockt mit Hallenbad samt Riesenrutsche, Strömungskanal, Hangelnetzen oder Freibad samt Breitrutsche, Sprungturm etc. (Talweg 4, Tel. 06561 9 68 30, www.cascade-bitburg.de; Di.–Fr. 10.00–22.00, Sa., So. 9.00–22.00 Uhr).

HOTEL UND RESTAURANTS

Das Stammhaus der Bitburger Brauerei beherbergt die rustikale Gaststube **€ / € € Zum Simonbräu:** moderne Landküche und ein frisch gezapftes Bier (Am Markt 7, 54634 Bitburg, Tel. 06561 33 33, www.simonbraeu.de; Mo.–Do. 11.00–15.00, 17.30–23.00, Fr., Sa. 11.00–24.00 Uhr).
Nördlich von Bitburg lockt die **Wasserburg Rittersdorf** nicht nur zur Besichtigung – im **€ € / € € € Herrmann's** sitzt man richtig. Hinter dem frühbarocken Tor erhebt sich der siebengeschossige Wohnturm (um 1290), Mitte des 16. Jhs. entstand der klobige Palas. Um 1575 kam das blütenweiße heutige Haupthaus hinzu (Bitburger Straße 30, Tel. 06561 9 65 70, www.burg-rittersdorf.de; Mo. und Di. geschl.).

INFORMATION

Tourist-Information Bitburger Land, Römermauer 6, 54634 Bitburg, Tel. 06561 94 34 0, www.eifel-direkt.de

4 Kyllburg

Der von der Kyll umrauschte Kneipp- und Luftkurort (900 Einw.) liegt im Herzen der Waldeifel. In der ehem. Burgsiedlung (14. Jh.) erinnern Barock- und Gründerzeitfassaden einiger Hotels, der Bahnhof aus der Gründerzeit und der mit einem Burgportal verkleidete Eisenbahntunnel an die touristischen Glanzzeiten.

Renaissance in Wittlich: Altes Rathaus (oben), Mosaikschmuck in der Villa Otrang (unten)

SEHENSWERT

An die gotische **Stiftskirche** (13.–16. Jh.) auf dem Stiftsberg über der Altstadt lehnt sich ein prachtvoller Kreuzgang. Zur Ausstattung gehören eine Rokokokanzel, Renaissance-Fenster und ein gotisches Chorgestühl (www.stiftskirche.kyllburg.net; tgl. 8.00–18.00 Uhr). Von der **Burg** blieb der Bergfried (Aussichtspunkt).

UMGEBUNG

Die frühgotische Klosterkirche im schlichten Zisterzienserstil bildet in **St. Thomas** (5 km nördl.) einen kräftigen Gegensatz zu den feudal-spätbarocken Klostergebäuden. Hübsche Torhäuser behüten das Ensemble, heute als Exerzitienhaus des Bistums Trier genutzt (www.sanktthomas.de).
Schloss Malberg (westl.) thront herrschaftlich über dem gleichnamigen Dorf an der Kyll und vereint ein für die Eifel einmaliges Gebäudeensemble. Der Alte Bau, ein spätmittelalterlicher Palas, ist durch einen Stiegengang mit der barocken Schlosskapelle verbunden. Das Neue Haus wurde ab 1708 im Stil des norditalienischen Palladianismus errichtet. Auch der Arkadenbau und die „hängenden Gärten" sind italienisch inspiriert. Zum „runden Garten" an der Rückfront des Neuen Hauses gehört eine prachtvolle Terrasse. Der „eiserne Garten" an der Schlossauffahrt ist Nutz- und Ziergarten zugleich (www.schloss-malberg.de; Führungen innen Mai–Okt. Sa. 14.30 Uhr, Gärten Mai–Okt. Sa. 14.30–18.00, So. 11.00 bis 18.00 Uhr).
Etwas außerhalb von Fließem (südl.) wurde die **Villa Otrang** (2.–4. Jh.) freigelegt. Zu dem römischen Gutshof gehörten 60 Räume. Sehenswert sind die Bodenmosaike (Otranger Straße, www.zentrum-der-antike.de/monumente/villa-otrang/die-villa-otrang.html, derzeit wegen Neukonzeption geschl.).

INFORMATION
Verkehrsverein Kyllburger Waldeifel, Hochstraße 19, 54655 Kyllburg, Tel. 06563 93 02 44, www.eifel-kyllburg.de

5 Wittlich

Die Kreisstadt (18 300 Einw.) breitet sich mit einem Speckgürtel von Industriebetrieben in einem weiten Tal aus. Römische Spuren bezeugen eine frühe Besiedlung. In der Altstadt überraschen Barockfassaden und dörflich anmutende Winkel. Wittlich ist zudem Weinort.

SEHENSWERT
Am **Marktplatz** stehen die schönsten Bürgerpalais der Stadt: Der Renaissancebau Haus Wolf ist heute ein Hotel. Daneben erhebt sich das barocke Haus Neuerburg. Es folgt die ehem. Posthalterei von 1753. Am imposantesten aber ist das **Alte Rathaus** aus dem 17. Jh. mit eleganter Renaissance-Fassade, hinter der Gemälde, Grafik und Glas von Georg Meistermann (1911–1990) gezeigt werden (Di.–Sa. 11.00–17.00, So. und Fei. 14.00–17.00 Uhr). Die ehem. **Synagoge** (1910) ist heute Kultur- und Tagungsstätte. Eine Dauerausstellung widmet sich dem 1933–1945 gewaltsam beendeten jüdischen Leben der Stadt (Himmeroder Straße 44; Di. und Do.–So. 14.00–17.00, Mi. 9.30 bis 12.00,14.00–17.00 Uhr).

VERANSTALTUNG
Zum weithin bekannten Volksfest **Säubrennerkirmes** werden am 3. Aug.-Wochenende auf dem Marktplatz an die 100 Säue geröstet.

EINKAUFEN
Der **Wittlicher Weinbau** wird von den Weingütern Losen-Bockstanz (Himmeroder Straße 50, www.losen-bockstanz.de), Johannes Lütticken (Schlossberg 7, www.weingut-luetticken.de), Mertes (Himmeroder Str. 43, www.weingutmertes.de) und Zender-Göhlen (Rosenweg 10, www.weingut-zender.com) repräsentiert.

UMGEBUNG
Bad Bertrich (950 Einw.; www.bad-bertrich.de, östl. außerhalb des Kartenausschnitts, siehe Karte S. 96) durchweht ein Hauch von Thomas Manns „Zauberberg". Kurfürstliches Schlösschen, Kurpark, Brunnenhalle im Kursaal und klassizistische Villen am Waldrand künden davon, dass die Glaubersalztherme zur Heilung von Rheuma, Magen- und Darmkrankheiten genutzt wird. Mit der Vulkaneifel Therme (Clara-Viebig-Straße 3, www.vulkaneifeltherme.de; tgl. 9.00–22.00 Uhr) setzt das Staatsbad zudem auf zugkräftige Wellness-Angebote.
Eisenschmitt liegt im Salmtal und wurde von der Schriftstellerin Clara Viebig (1860–1952) als „Weiberdorf" verewigt. Mehr erfährt man im Clara-Viebig-Zentrum (April–Okt. So. 14.00 bis 17.00 Uhr, www.clara-viebig-zentrum.de).

INFORMATION
Moseleifel-Touristik, Marktplatz 5, 54516 Wittlich, Tel. 06571 40 86, www.moseleifel.de

Genießen Erleben Erfahren

DuMont Aktiv

Auf der Vennbahn radeln

Ein grünes Band spannt sich von der Grenze südlich von Aachen bis nach Luxemburg: Die Voie Verte, ein 125 km langer Radweg auf der früheren Trasse der Vennbahn, durchquert die Eifel, Ostbelgien und Luxemburg.

Über ein Jahrhundert, von 1889 bis zur Aufgabe der Strecke 2001, war die Vennbahn eine der wenigen sicheren Wege über das Hochmoor. Die Trasse von Aachen über Monschau und das belgische Sankt Vith bis ins luxemburgische Troisvierges führt durch tiefe Eifelwälder, wagt sich in die Weite des Hohen Venns und versinkt in lauschigen Bachtälern. Immer wieder wird die grüne Grenze überschritten, ohne dass man sagen könnte, wo Belgien beginnt oder Deutschland endet. Die Steigung liegt bei maximal 2% – noch ein Grund, die stillgelegte Bahnstrecke zum Radweg auszubauen, fand man vor ein paar Jahren von der Deutschsprachigen Gemeinschaft Ostbelgiens bis zur Städteregion Aachen. 2013 feierte der Vennbahn-Radweg Eröffnung. Seither brummt es bei Patricia Frebel. Die Lütticherin hat am Bahnhof des Grenzdorfs Kalterherberg einen Eisenbahnwaggon Baujahr 1951 zum Café ausgebaut. Gleisbett und Bahnhof liegen bereits in Belgien, was für Patricia Frebel kulinarische Verpflichtung ist. Auf der Karte von „Waffle Time" stehen urbelgische Waffeln, hausgemacht – mit Kirschen, Sahne, Puderzucker.

Weiter südlich in Hemmeres ist Deutschland ein Kiesstrand an der von der Grenze für ein paar hundert Meter in Richtung Osten ausgreifenden Our. Kinder schaukeln auf einem aufgeblasenen Delphin das Flüsschen hinunter. Am Ortsrand brummelt ein Traktor auf der Wiese. Noch ein paar Tritte in die Pedale und der Vennbahn-Radweg verläuft schon wieder in Belgien.

Weitere Informationen

EWIV Eifel-Ardennen-Marketing, Tourismusagentur Ostbelgien, Hauptstraße 54, B-4780 St-Vith, Tel. 0032 80 22 76 64, www.vennbahn.eu, www.eifel.info/a-vennbahn

Radverleih, Gepäcktransport, komplette Radtouren mit Übernachtung und Rücktransport per Taxi zum Startpunkt.

Zuletzt war die Vennbahn eine nur noch touristisch genutzte Eisenbahnstrecke, die schließlich ganz eingestellt wurde. Heute ist die grenzüberschreitende Strecke ein beliebter Radweg.

Weinregion Eifel: über die Nepomukbrücke (oben) bei Rech verläuft der Rotweinwanderweg (rechts oben). Weingut Johannes Lütticken in Wittlich (rechts unten)

Service

Keine Reise ohne Planung. Auf den folgenden Seiten haben wir für Sie Wissenswertes und wichtige Informationen für Ihren Eifel-Urlaub zusammengestellt.

Anreise

Mit dem Auto: Die Autobahn A 4 verbindet Köln und Aachen und ist zugleich ein idealer Zubringer für die Nordeifel. Die A 61 (Köln–Koblenz) tangiert die Osteifel von der Zülpicher Börde über das Ahrtal bis zum Maifeld. Die A 48 (Koblenz–Daun) führt über das Maifeld und durch die Ausläufer der Südeifel bis zum Autobahndreieck Vulkaneifel. Dort stößt die A 48 auf die A 1, die in nördlicher Richtung einmal bis Erftstadt führen wird (das Teilstück Kelberg–Nettersheim ist noch in Planung) und in südlicher Richtung bis zum Autobahnkreuz Wittlich führt. Am Autobahnkreuz Wittlich zweigt die A 60 in Richtung Belgien (St-Vith) via Prüm ab (das Teilstück Prüm–Winterspelt ist nur als teils dreispurige Schnellstraße ausgebaut).

Das Herz der Eifel wird durch ein gut ausgebautes Netz von Bundesstraßen erschlossen: B 257 von Meckenheim via Nürburgring (Staugefahr bei Rennveranstaltungen), Daun, Bitburg ins luxemburgische Echternach. B 51 von Euskirchen via Bad Münstereifel, Blankenheim, Prüm, Bitburg nach Trier. B 265 von Zülpich via Schleiden, Hellenthal nach Prüm. Hinzukommen unzählige verschlungene Landstraßen. Besondere Vorsicht ist im Herbst bei starkem Laubfall und im Winter bei Eis und Schnee geboten!

Mit der Bahn: Fast im Stundentakt verkehren Züge zwischen Köln und Trier, mit Zwischenhalt u. a. in Kall, Nettersheim, Gerolstein, Kyllburg. Ebenso häufig wird die Strecke Koblenz–Trier mit Zwischenhalt u. a. in Wittlich bedient. An der Ostflanke der Eifel verläuft die linksrheinische Strecke Köln–Koblenz, von der in Remagen die Bahnstrecke ins Ahrtal abzweigt. Von Bonn kann man die Bahn bis Bad Münstereifel nehmen. Über die Reaktivierung der Eifelquerbahn Andernach–Gerolstein wird derzeit heftig gestritten. Aktuell verkehrt der Zug nur über Mayen bis Kaisersesch. Auskunft an allen DB Reisezentren und Reisebüros bzw. auf www.bahn.de. Fahrplan-Auskunft Tel. 0180 6 99 66 33 (20 ct/ Anruf Festnetz, Mobilfunk max. 60 ct/Anruf).

Mit dem Flugzeug: Die Flughäfen Köln-Bonn (www.koeln-bonn-airport.de) und Frankfurt/Main (www.frankfurt-airport.de) werden von vielen anderen deutschen Flughäfen aus angeflogen und beide von regulären Fluggesellschaften und Billig-Airlines bedient. Für die Westeifel bietet sich zudem der Flughafen Luxemburg an (www.lux-airport.lu).

Auskunft

Für die gesamte Eifel: Eifel Tourismus, Kalvarienbergstraße 1, 54595 Prüm, Tel. 06551 9 65 60, www.eifel.info

Einzelne Regionen: Rureifel-Tourismus, An der Laag 4, 52396 Heimbach, Tel. 02446 80 57 90, www.rureifel-tourismus.de

Nordeifel Tourismus, Bahnhofstraße 13, 53925 Kall, Tel. 02441 99 45 70, www.nordeifel-tourismus.de

Ahrtal-Tourismus, Hauptstraße 80, 53474 Bad Neuenahr-Ahrweiler, Tel. 02641 9 17 10, www.ahrtal.de

Touristik-Büro Vordereifel, Kelberger Straße 26, 56727 Mayen, Tel. 02651 80 09 95, www.vordereifel.de

GesundLand Vulkaneifel, Leopoldstraße 9a, 54550 Daun, Tel. 06592 95 13 70, www.gesundland-vulkaneifel.de

Naturpark Nordeifel-Hohes Venn, Bahnhofstraße 16, 53947 Nettersheim, Tel. 02486 91 11 17, www.naturpark-eifel.de

Nationalparkforstamt Eifel, Urftseestraße 34, 53937 Schleiden-Gemünd, Tel. 02444 9 51 00, www.nationalpark-eifel.de

Essen und Trinken

Kappes (Weißkohl), Buchweizenpfannkuchen, Döppekooche (ein fester, mit Muskatnuss gewürzter Kuchen aus Speck, Zwiebeln, Eiern und geriebenen Kartoffeln), Graupensuppe mit Rindfleisch, Dicke Bohnen, Himmel und Äd (Kartoffelbrei mit Apfel, dazu meist Blutwurst) oder Wirsingeintopf mit Mettwurst sind **Gerichte einer Region,** die bei Tisch über Jahrhunderte mit dem auskommen musste, was die mageren Böden hergaben. Hochküche war – und bleibt – bis auf wenige touristische Zentren die Ausnahme. Feiertags gab es früher Rheinischen Sauerbraten, der heute in jedem Restaurant, das auf sich hält, auf der Karte steht. Freitags war früher Fischtag – vorbei, selbst in der einst zutiefst katholischen Eifel. Forellen gibt es längst an jedem beliebigen Tag, und solange Zuchtteiche und Bäche nachliefern. Kurzum, die Küche der Eifel ist traditionell eher deftig. **Wild** bestimmt vor allem in Herbst und Winter die Speisekarte. Wildschwein- oder Hirschgulasch, Rehrücken oder Rehsülze zählen dann in den Gasthöfen zu den Klassikern.

Aus Römerzeiten: die Reste eines römischen Aquädukts bei Mechernich

Es geht freilich auch auf die ganz feine Art. Der Eifeler Rehrücken, den Zwei-Sterne-Koch Hans Stefan Steinheuer in Heppingen an der Ahr serviert, gilt als der landesweit beste.
Darüber hinaus gibt es immer mehr **gastronomische Inseln** in der gutbürgerlich orientierten Restaurantlandschaft. Die Ahr gehört dazu, was mit Sicherheit auch der Nähe zu Bonn und einer damit betuchteren Klientel geschuldet ist. Daun zählt dank dem Schlosshotel „Kurfürstliches Amtshaus" ebenfalls dazu, in dem der junge Chefkoch Phillip Probst das Reh aus der Eifeljagd mit Spitzkohl, Sellerie und Maronen derart perfekt zubereitet, dass der Michelin ihm einen Stern dafür verlieh. **Eifellamm** ist eines der Produkte, mit denen sich die Region kulinarisch neu aufstellt.
Was dazu ins Glas kommt? Die Eifel ist zuallererst eine **Bierregion** – man denke an die Brauereien in Monschau, Mendig oder Bitburg. **Rotwein** von der Ahr oder ein Riesling aus der Wittlicher Senke sind dagegen eher etwas für die gehobene Gastronomie. Natürlich kann man den Durst auch mit einem **Mineralwasser** aus der Eifel stillen. Die bekanntesten Quellen sprudeln in Gerolstein, im Brohltal, in Daun, in Nürburg oder im Ahrtal (Appollinaris). Ansonsten bliebe noch ein hochprozentiges Wasser aus einer der renommierten Brennereien. **Obstbrände** haben in der Eifel Tradition und erleben eine Renaissance. So haben sich zehn Brenner zur Regionalmarke „Eifel Edelbrand" zusammengeschlossen. Einzelne Brenner genießen geradezu Kultstatus: Von Streuobstwiesen stammt das Obst, aus denen Hans Müller in seiner Edel-Destillerie in Sülm feine Brände gewinnt: Rund und vollmundig schmeckt die für die Südeifel typische Nelchesbirne (www.eifelbrenner.de). Und die Rockeskyller Brennerei Neuerburg lädt auch zur Besichtigung ein (Dorfstraße 43, www.brennerei-eifel.de).

Preiskategorien

€€€	Hauptspeisen	über 45	€
€€	Hauptspeisen	30 – 50	€
€	Hauptspeisen	bis 20	€

Restaurants

Die Bandbreite reicht von der Imbissbude an der Bundesstraße bis zum Sternerestaurant auf der Burg. Das Mittelfeld bilden alteingesessene Dorfgasthäuser und Kneipen, gutbürgerliche Ausflugslokale in einsamer Lage oder das flotte Bistro in einer Kreisstadt. An der Ahr kommen urige Weinstuben hinzu, in Aachen schicke Restaurants mit trendigem Interieur.
Als Faustregel gilt, je nobler die Adresse, desto eher sollte man reservieren. Auch zu Hauptreisezeiten – etwa die langen Feiertagswochenenden im Mai oder die Herbstferien – kann es ohne Reservierung eng werden.
Eine kleine **Auswahl an Restaurants und Cafés** wird auf den Infoseiten vorgestellt.

Sport

Motorradfahren: Um Ostern, spätestens aber an den langen Feiertagswochenenden im Frühling röhren in der Eifel die Motoren. Biker aus den Niederlanden, aus Belgien und allen Teilen Deutschlands lieben die Haarnadelkurven, Serpentinen, und lang gezogenen Kehren der Eifel. Das Kurvengebirge des Nürburgrings befeuert die Vorliebe mit Motorradevents. Die Straßen sind zudem gut ausgebaut. Als „Motorrad-Eifel" haben sich Hotels, Ferienwohnungen, Campingplätze zusammengeschlossen, die speziell auf Motorradtouristen eingestellt sind (www.eifel.info/ausflugsziele/aktivitaeten/motorradtouren-eifel). Bis zum Herbst dröhnen die Motoren und verwandeln die Eifel in den Ohren von ruhesuchenden Urlaubern oder ge-

Info

Daten & Fakten

Lage: Zwei Bundesländer teilen sich die 5300 km² große Eifel. Auf Nordrhein-Westfalen entfällt der nördliche Teil, auf Rheinland-Pfalz der südliche. Landschaftlich gehört die Eifel zum Rheinischen Schiefergebirge. Die Region wird im Osten durch den Rhein, im Süden durch die Mosel, im Westen durch die deutsch-belgische Grenze und im Norden durch die Zülpicher Börde begrenzt. Als Kulturlandschaften haben sich herauskristallisiert: Im Norden die Voreifel, das Hohe Venn, die Rureifel, die Ahreifel, die Kalkeifel. Im Osten die Rheineifel, das Maifeld, und die Östliche Hocheifel mit dem höchsten Gipfel der gesamten Region, der Hohen Acht (747 m). Im Süden die Mosel-Eifel, die Wittlicher Senke, das Bitburger Gutland. Im Westen die Kyllburger Waldeifel, die Westliche Hocheifel, Schneifel und Islek.
Natur: Das Wetter wird vorwiegend von atlantischem Klima bestimmt. Niederschläge kommen in erster Linie aus dem Westen und Nordwesten, wobei die Mengen sehr unterschiedlich verteilt sind. Während über dem Hohen Venn im Jahresmittel 1300 mm niedergehen, halbiert sich der Wert nördlich der Wetterscheide auf der Höhe von Blankenheim.
Der Naturpark Nordeifel stellt 1760 km² unter Schutz und gehört zum Deutsch-Belgischen Naturpark Hohes Venn-Eifel. Der Naturpark Südeifel ist mit 433 km² deutlich kleiner und gehört zum Deutsch-Luxemburgischen Naturpark. Als 14. deutscher Nationalpark kommt der Nationalpark Eifel mit 110 km² hinzu.
Bevölkerung: Die Eifel ist eine der am dünnsten besiedelten Gebiete Deutschlands. Bis auf stadtnahe Randgebiete, die auf Pendler aus Köln, Aachen, Koblenz bauen können, leidet die Region unter Landflucht. Die Bevölkerungsdichte im Landkreis Vulkaneifel liegt bei 68 Einw./km², im Landkreis Bitburg-Prüm bei 58 Einw./km², im Kreis Euskirchen bei 150 Einw./km² (Deutschland gesamt 226 Einw./km²). Die Bevölkerung in der von den Erzbistümern Trier und Köln stark geprägten Region ist überwiegend katholisch.
Wirtschaft: Magere Böden, steile Hänge, lange Winter sind auf den ersten Blick nicht gerade günstigen Eckdaten für die Landwirtschaft. Doch das Bild ist bei näherem Blick vielfältig: Kartoffeln, Zuckerrüben, Getreide gedeihen im Norden um Düren und auf dem Maifeld im Osten, während im Westen und Süden die Milchviehhaltung und Weidewirtschaft dominieren. Bier, Mineralwasser und in geringerem Maß Wein sind Verkaufsschlager. Hinzu kommt Forstwirtschaft. Der Abbau von Tuff, Basalt, Schiefer, Gips geht bis auf die Antike zurück.
Die Region setzt verstärkt auf den Tourismus. Aktivurlaub (Wandern, Radfahren …), Erlebnisurlaub (Vulkanpark, Krimitouren, Nürburgring …) und Naturerlebnis (Ferien auf dem Bauernhof, Naturparks …) lauten die Trends. Mit dichten Wäldern, Bergen und Tälern lockt die Eifel neben deutschen Gästen vor allem Urlauber aus den „flachen" Nachbarländern Niederlande und dem flämischen Belgien.

Entfernungsangaben an der Vennbahn (ganz oben). Ruine Saffenburg bei Mayschoß (oben)

Eine eher gemütliche Tour: Kanuten auf der Rur bei Heimbach

mütlich durch die Gegend zuckelnden Autofahrern bisweilen in eine grüne Hölle. Kreuze hinter Leitplanken oder an einsamen Kurven erinnern an die vielen tödlichen Motorradunfälle – Witterungsumschläge, überhöhte Geschwindigkeit und riskante Fahrmanöver fordern ihren Tribut.

Radfahren: Mountainbiker kommen in der Eifel voll auf ihre Kosten. Allein um Bad Münstereifel sind 300 km Pisten ausgewiesen. Die Höhepunkte sind in 10 Einzeltouren mit Streckenlängen von 18 bis 68 km und unterschiedlichen Schwierigkeitsgraden gebündelt (www.mtb-muenstereifel.de). Das Landschaftsbild – Stichwort harte Steigungen, abenteuerlich steile Abfahrten – ermuntert ansonsten untrainierte Radfahrer auf den ersten Blick nicht unbedingt dazu, in der Eifel aufs Rad zu steigen. Falsch! Nach und nach werden ehemalige Bahntrassen zu Radwegen umgewandelt, auf denen es kaum Steigungen gibt: **Maare-Mosel-Radweg** (58 km), Enztal-Radweg (50 km), **Prüm-Radweg** (90 km) oder **Vennbahn-Radweg** (125 km) sind die bekanntesten Beispiele. Sogenannte Flussradwege – es geht immer am

Info

Geschichte

5000–500 v. Chr.: Die Eifel wird von den Rändern aus besiedelt. Erst um 500 schreitet auch die Besiedlung der inneren Höhenzüge voran.
58 v. Chr.: Julius Caesar stößt auf seinem Eroberungszug bis an den Rhein vor.
1.–3. Jh.: Die Eifel wird Teil des Römischen Reichs. Aachen entwickelt sich zum Militärbad. Zwischen Trier und Köln entsteht eine Militärstraße. Eine Wasserleitung versorgt Köln aus der Eifel mit Frischwasser. Überall werden Villen und Tempel gebaut, Kastelle errichtet, Siedlungen und Steinbrüche angelegt.
5.–8. Jh.: Die Franken dringen in die Eifel vor und führen verstärkt die Landwirtschaft ein. Mit dem Niedergang des Römischen Reichs beginnt ab dem 6. Jh. die Christianisierung. Erste Klöster entstehen, darunter Prüm und Münstereifel.
9. Jh.: Karl der Große weitet das Frankenreich bis an den Rhein und darüber hinaus aus. Die Eifel rückt ins Zentrum der karolingischen Macht. Aachen wird Karls Lieblingssitz. Nach seinem Tod wird die Eifel Teil des Ostfränkischen Reichs.
936: Aachen avanciert mit der Krönung Ottos I. zum Krönungsort der deutschen Könige.
11.–13. Jh.: Politisch zerfällt die Eifel in ein Mosaik von Territorien, was sich im Bau von knapp 150 Burgen niederschlägt. Daneben weiten weitere, neue Klöster ihre Herrschaftsbezirke aus, so etwa die Klöster Maria Laach (ab 1093) und Himmerod (ab 1138).
14.–15. Jh.: Die Macht der kleinen Territorialherren schwindet zugunsten vier großer Mächte: im Norden Kurköln und Jülich, im Süden Kurtrier und Luxemburg. Da die Machthaber ihre Residenzen außerhalb der Region unterhalten, werden in der Eifel keine größeren Städte gegründet. Dennoch wird die Wirtschaftsentwicklung gefördert; Basaltgruben, Blei- und Eisengewinnung sowie Tuchherstellung bringen gewissen Wohlstand.
16.–17. Jh.: Jülicher Fehde (zwischen den Herzogtümern Jülich-Kleve-Berg und Kaiser Karl V.), der konfessionelle Kölner Krieg, gefolgt vom Dreißigjährigen Krieg, und die Eroberungszüge des französischen Königs Ludwig XIV. verwüsten die Eifel.
1794–1815: Das linke Rheinufer wird von französischen Truppen besetzt, die Eifel ein Teil des revolutionären Frankreichs. Die Franzosen bleiben bis zu Napoleons Niederlage. Auf dem Wiener Kongress werden Aachen und die Eifel Preußen zugesprochen. Sie teilen das Gebiet in die Regierungsbezirke Aachen, Köln, Koblenz und Trier.
19. Jh.: Der Straßenbau wird forciert, die Eifel mit Fichten aufgeforstet, 1871 die Bahnlinie Köln–Trier eröffnet und die Rheinisch-Westfälische Technische Hochschule gegründet.
1914–1918: Im Ersten Weltkrieg wird die Eifel Aufmarschgebiet deutscher Truppen, die auf dem Weg durch das neutrale Belgien französische Befestigungen in Lothringen umgehen. Mit dem Versailler Vertrag werden Eupen, Malmédy und St. Vith (Ostkantone) nach Volksabstimmung belgisch.
1925–1927: Zur wirtschaftlichen Strukturverbesserung im ländlichen Raum wird der Nürburgring gebaut.
1930er-Jahre: Die Nationalsozialisten lassen den Westwall anlegen.
1939–1945: Im Zweiten Weltkrieg werden fast alle Städte und viele Dörfer durch den Frontlauf und alliierte Bombardements zerstört. Im März 1945 rücken die Amerikaner ein.
1946–1949: Die Eifel wird entsprechend den amerikanischen und französischen Besatzungszonen administrativ neu geordnet. Der Norden gehört nun zu Nordrhein-Westfalen, der Süden zu Rheinland-Pfalz.
1976: Die Euregio Maas-Rhein belebt und vernetzt das Dreiländereck Belgiens, der Niederlande und Deutschlands.
1978: Der Aachener Dom wird Welterbestätte der Unesco.
2004: Gründung des Nationalparks Eifel als ersten Nordrhein-Westfalens.
2007/2008: Mit dem Eifelsteig quert ein 300 km langer Fernwanderweg die Region.
2013: Der Vennbahn-Radweg wird eröffnet.
2014: Das Centre Charlemagne in Aachen wird zur Erinnerung an Karl den Großen geöffnet.
2016: Eröffnung des Forum Vogelsang, inklusive einer NS-Dokumentationsstätte.
2017: Das Open Air Festival „Rock am Ring" kehrt an den Nürburgring zurück – und muss am Auftaktabend wegen Terrorgefahr abgebrochen werden. Die Zisterziensergemeinschaft von Kloster Himmerod wird aufgelöst.
2018: Nach dem Erfolg des für die Post entwickelten E-Lieferwagens Streetscooter geht das günstigste E-Auto Deutschlands in Aachen in Serie – wieder entwickelt von Ingenieuren der RWTH Aachen.

Tipp

Zum Weiterlesen

Jacques Berndorf (www.jacques-berndorf.de), mit bürgerlichem Namen Michael Preute, gilt als Vater des Eifel-Krimis. Seit „Eifel-Blues" (1989) schickt der ehemalige Journalist seinen Helden Siggi Baumeister auf Tätersuche. Ralf Kramp (www.ralfkramp.de) hat mit seinem eher glücklosen Helden Herbie Feldmann („Totentänzer", „Hart an der Grenze") eine Ikone des Eifel-Krimis geschaffen. Der **Eifel Krimi-Reiseführer von Josef Zierden** führt an Tatorte aus Eifel-Krimis, ob real oder fiktiv (www.kbv-verlag.de).

Ufer lang – sind ähnlich kommod, wie etwa der **Kylltal-Radweg** (130 km) oder **Ahrtal-Radweg** (77 km) zeigen. Für sportliche Radfahrer geeignet sind dagegen die Themenradwege Eifel-Höhen-Route (230 km) oder Vulkan-Rad-Route (68 km). Doch gemach! Leichter treten durch E-Power lautet der Trend. Das E-Bike hat mit Verleihstationen, Akkuwechselstationen und Ladestationen die Eifel erobert (www.movelo.com, www.eifelrad.de, www.regioradler.de).

Wer runter vom Sattel möchte, steigt in den **RegioRadler** um: Von April bis Nov. nehmen Busse und Bahnen auf 9 Routen Radler und Rad mit (www.radwanderland.de).

Reiten: Auch in der Eifel liegt das Glück der Erde auf dem Rücken der Pferde – 58 Bauernhöfe, Pferdehöfe, Landhotels („Eifel zu Pferd") empfangen Ross und Reiter. Ein breites Spektrum von Routenpauschalen bietet zudem für Jeden das Richtige, sei es der viertägige Wanderritt **Durch die Maare zum Goldberg,** der zweitägige **Mühlenritt** rund um den Nürburgring, ein Einsteigerritt auf jungen Pferden speziell für Familien mit Kindern oder eine viertägige **Kutschfahrt** (www.eifelzupferd.de).

Wandern: Nicht zuletzt dank dem Eifelverein (www.eifelverein.de) ist und bleibt die Eifel ein Wanderparadies. Die 29 000 Mitglieder kümmern sich freiwillig um den Unterhalt von rund 3000 km Fern,- Weit-, Haupt-, Regional- und Gebietswanderwege und deren Markierung (in der genannten Reihe nach: FWW, WWW, HWW, RWW und GWW). Weitere 6000 km örtlicher Wanderwege kommen hinzu.

Die Wandermagistrale der Eifel ist der 313 km lange **Eifelsteig** von Aachen nach Trier (www.eifelsteig. de), an dem sich fast alle großen Sehenswürdigkeiten wie etwa Hohes Venn, Rursee, Kloster Steinfeld, das Fachwerkstädtchen Blankenheim, die Krimihauptstadt Hillesheim, die Geopark-Stadt Gerolstein, die Dauner Maare oder Burg Ramstein aufreihen. 15 Etappen mit einer Länge von 15 bis 29 km führen von Nord nach Süd über Hochebenen, Bergzüge, Wiesen oder durch tiefe Täler. Wasser und Felsen sind ständig dabei – schließlich lautet das Motto des Eifelsteigs „Wo Fels und Wasser dich begleiten". Ähnlich konzipiert ist der 89 km lange **Ahrsteig** von der Quelle der Ahr in Blankenheim bis zu ihrer Mündung in den Rhein bei Sinzig (www.ahrsteig.de). In 7 Etappen mit einer Länge von 11 bis 19 km geht es durch Buchenwälder, über Hoch- und Heideflächen, vorbei an Felsen und durch Weinberge. Ein beliebter Themenweg ist der 116 km lange **Römerkanal-Wanderweg** von Nettersheim nach Köln (www.roemerkanal-wanderweg.de). In 7 Etappen mit einer Länge von 13 bis 22 km folgt der Weg der antiken Wasserleitung.

Frischen Wind ins Wanderland Eifel bringen die 16 **Traumpfade** (www.traumpfade.info). Premiumwandern lautet das Leitmotiv der 9 bis 16 km langen Rundwege, die bei Streckenführung, Wegbeschaffenheit, Einkehrmöglichkeiten und Markierung höchsten Anforderungen genügen. Ganz den geologischen Ursprüngen der Eifel verpflichtet sind die 14 **Vulkaneifel-Pfade** (Informationen zu jedem einzelnen Pfad auf der interaktiven Tourenkarte im Internet, www. eifel.info/wandern.htm). Durch die wilde Schönheit des Naturparks Südeifel führen die 14 **Eifeltouren** (www.naturwanderpark.eu).

Wie immer man sich entscheidet: Wanderfreundliche Gastgeber bürgen für Freude an Bett und Tisch, die vom Eifel Tourismus angebotenen Arrangements inklusive Übernachtung, Gepäcktransport und Lunchpaket sorgen für stressfreie Wandererlebnisse (www.eifel.info.de).

Wassersport: Die mit Abstand größten Möglichkeiten bietet der Rursee, inklusive Kanuverleih und Badestränden. Apropos Baden: In vielen Seen sind Baden und Schwimmen verboten, weil das Gewässer als Trinkwasserreservoir dient (u. a. Oleftalsperre) oder Naturschutzgebiet ist (u. a. Totenmaar). Manche Seen sind an einigen Uferabschnitten wie Freibäder ausgebaut (Schalkenmehrener Maar, Laacher See, Gemünder Maar). Und sollte das Wetter mal nicht mitspielen, bietet sich ein Besuch in einem der Freizeit- bzw. Wellnessbäder an: in Bad Aachen die Carolus-Thermen (www.carolus-thermen.de), in Bitburg das Cascade Erlebnisbad (www.cascade-bitburg.de), in Bad Bertrich die Vulkaneifeltheme (www.vulkaneifel-therme.de) oder in Mechernich-Firmenich die Eifel-Therme Zikkurat (An der Zikkurat 2, www.eifel-therme-zikkurat.de; 10.00/11.00 bis 20.00/21.00 Uhr). In vielen Bächen und Flüssen kann man sich ebenfalls abkühlen. Für Kanus sind Rur, Sauer, Prüm, Elz oder Kyll geeignet. Für sportliche Kanuten eignen sich Stromschnellen der Prüm bei Irrel.

Wintersport: Die Zeiten, in denen der Winter zwischen Prüm und der Grenze zu Ostbelgien verlässlich Einzug hielt, sind leider Vergangenheit. Auf Höhen von knapp 700 m lag der Schnee oft bis weit in den März. „Ski und Rodel gut" kann es am **Schwarzen Mann,** dem mit 697 m dritthöchsten Gipfel der Eifel, dennoch hin und wieder heißen. Dann lockt das dortige Wintersportgebiet mit Schleppliften, Abfahrtspisten, Langlaufloipen und Rodelbahn.

Unterkunft

Hotels, Pensionen, Ferienhäuser und -wohnungen: Das Angebot ist in der seit vielen Jahrzehnten bereisten Tourismusregion groß. Der alte Dorfgasthof mit in die Jahre gekommener Blümchentapete, Kruzifix über dem Bett und Toilette auf dem Gang hat inzwischen größtenteils ausgedient. Modern eingerichtete Zimmer sind fast überall Standard. In Aachen, an der Ahr, einigen Kreisstädten, aber auch in der tiefsten Eifel kommen noch Luxushotels hinzu, die mit Wellnessbereich und perfektem Service um Gäste werben. Viele Hotels vermieten zudem

Im Freizeitpark ring°werk am Nürburgring kommen Motorsportfans voll auf ihre Kosten.

Preiskategorien

€€€	Doppelzimmer	über 120 €
€€	Doppelzimmer	70–120 €
€	Doppelzimmer	bis 70 €

Appartements. Daneben werden Ferienwohnungen und -häuser immer beliebter. Eine kleine **Auswahl an Hotels und Pensionen** findet sich auf den jeweiligen Infoseiten.
Ferien auf dem Bauernhof versprechen eine vor allem für Familien attraktive Alternative. Das Erfolgsrezept: Auf Du & Du mit der Kuh, Eier sammeln, bei der Heuernte mitmachen und vielleicht sogar einmal mit auf den Trecker steigen.
Camping und Wohnmobil: Campingplätze in landschaftlich schöner Lage findet man über die gesamte Region verteilt. Das vom Eifel Tourismus (s. Adressen) herausgegebene „Campingmagazin" (gratis) stellt eine breite Auswahl vor. Viele sind Gastgeber des Qualitätslabels „Regionalmarke Eifel". Ebenfalls gratis ist die Broschüre „Reisemobilerlebnis" mit Informationen zu Wohnmobil-Stellplätzen.
Jugendherbergen: Das Angebot ist erfreulich groß. Jugendherbergen gibt es in Aachen, Altenahr, Bad Neuenahr-Ahrweiler, Bad Münstereifel, Blankenheim, Bollendorf, Daun, Gemünd, Gerolstein, Hellenthal, Manderscheid, Mayen, Monschau, Monschau-Hargard, Nideggen, Prüm, Schleiden-Gemünd, Simmerath und Trier. Auskünfte erteilen die Landesverbände des Deutschen Jugendherbergswerks (DJH, www.jugendherberge.de): Landesverband Rheinland, Düsseldorfer Straße 1a, 40545 Düsseldorf, Tel. 0221 30 26 30 26, www.rheinland.jugendherberge.de, und Verband Die Jugendherbergen in Rheinland-Pfalz und Saarland, In der Meielache 1, 55122 Mainz, Tel. 06131 37 44 60, www.diejugendherbergen.de.

Veranstaltungen

Febr./März: Aachen ist eine **Karnevalshochburg**, die Fünfte Jahreszeit wird aber auch tief in der Eifel mit Kostümen und Umzügen gefeiert.
Ostern: Österliche **Eierläufe** haben in der Eifel Tradition. Die Eierlage in Schöneck findet seit 1764 statt – in historischen Kostümen.
April–Okt.: Das **Eifel-Literatur-Festival** zieht Schriftsteller von Rang in den Kreis Bitburg-Prüm (www.eifel-literatur-festival.de).
Mai–Aug.: **Burgfestspiele** in Mayen (www.burgfestspiele-mayen.de).
Juni: In Aachen findet das berühmteste **Reitturnier** der Welt statt; das CHIO gilt auch als „Weltfest des Pferdes" (www.chioaachen.de). Im Jugendstil-Kraftwerk von Heimbach wird das Kammermusik-Festival „Spannungen" veranstaltet (www.spannungen.de).
Juni (Pfingsten): Open-Air-Festival **„Rock am Ring"** am Nürburgring (www.rock-am-ring.com).
Juli: Europäisches Folkore Festival in Bitburg (www.folklore-bitburg.de). **„Rursee in Flammen"** mit Feuerwerk mitten im See (www.rursee-in-flammen.de).
Aug.: Das **Open-Air-Festival Monschau Klassik** bietet auf der Burg u.a. Oper und Kammermusik (www.monschau-klassik.de). Die **Säubrennerkirmes** lockt am 3. Wochenende auf den Marktplatz Wittlich (www.saeubrenner.wittlich.de). Ende des Monats findet das **Scheunen- und Kartoffelfest** im Künstlerdorf Moerz auf dem Maifeld statt. Ritter und Gaukler bevölkern die Niederburg von Manderscheid beim **Historischen Burgenfest.**
Sept.: Winzerfest in Ahrweiler mit großem Feuerwerk. Weitere **Weinfeste** in den umliegenden Dörfern. In Daun und im gesamten Landkreis Vulkaneifel findet der **Tatort Eifel** statt: Das Festival für die Krimifilm- und -buchbranche lockt alle zwei Jahre mit Prominenten und buntem Veranstaltungsprogramm (www.tatort-eifel.de; wieder 2019).
Okt.: Lukasmarkt (Volksfest) in Mayen.
Dez.: Weihnachtsmärkte verleihen den Altstädten von Aachen, Bad Münstereifel und Monschau einen feierlichen Zauber. Stimmungsvoll sind auch die **Weihnachtsmärkte** im Burgdorf Reifferscheid und im Freilichtmuseum Kommern.

Register

Fette Ziffern verweisen auf Abbildungen

Impressum

3. Auflage 2018

Verlag: DuMont Reiseverlag, Postfach 3151, 73751 Ostfildern, Tel. 0711 45 02 0, Fax 0711 45 02 135, www.dumontreise.de
Geschäftsführer: Dr. Thomas Brinkmann, Dr. Stephanie Mair-Huydts
Programmleitung: Birgit Borowski
Redaktion: Achim Bourmer, Berlin
Text: Klaus Simon, Köln
Exklusiv-Fotografie: Rainer Kiedrowski, Ratingen
Titelbild: LOOK-foto/Heinz Wohner
Zusätzliches Bildmaterial: S. 4 r. u. huber-images/Sabine Lubenow, S. 8/9 mauritius images/Alamy/Ernst Wrba; S. 10/11 LOOK-foto/Heinz Wohner, S. 12/13 huber-images/Jürgen Ritterbach, S. 20/21 huber-images/Hans-Georg Eiben, S. 22 l. o. mauritius images/Alamy/Ernst Wrba, S. 22 l. u. Getty Images/Hans-Georg Eiben, S. 22 r. shutterstock, S. 23 l. o. huber-images/Hans-Georg Eiben, S. 23 l. u. huber-images/Sabine Lubenow, S. 23 r. o. mauritius images/Alamy/Ernst Wrba, S. 23 r. u. shutterstock, S. 24/25 DuMont Bildarchiv/Peter Hirth, S. 36 l. Senfmühle, S. 36 M. o. iStockphoto/palau83, S. 36 M. u. Herrmann´s, S. 36 r. Das kleine Landcafé, S. 37 l. o. Senfmühle, S. 37 r. o. NaturPurHotel Maarblick, S. 37 u. Landgasthof Schröder, S. 39 l. DuMont Bildarchiv/Peter Hirth, S. 44/45 huber-images/R. Schmid, S. 49 DuMont Bildarchiv/Peter Hirth, S. 54 picture-alliance/dpa/Hans Joachim Rech, S. 55 Vogelsang IP/Dieter Zehner, S. 56 o. picture-alliance/Jan Haas, S. 57 picture-alliance/dpa/Oliver Berg, S. 61 o. iStockphoto/Alena Dvorakova, S. 62/63 huber-images/Sabine Lubenow, S. 65 r. DuMont Bildarchiv/Peter Hirth, S. 68 l. o. LOOK-foto/H. & D. Zielske, S. 78 l. o. mauritius images/Alamy/Sabine Lubenow, S. 78 r. u. www.traumpfade.info, S. 78 l. u. LOOK-foto/Brigitte Merz, S. 79 l. o. www.traumpfade.info, S. 79 l. u. Tourist-Information Rhens/Kappest, S. 79 r. o. mauritius images/Alamy/Ernst Wrba, S. 78 Mi., 79 r. u. Shutterstock/primiaou, S. 81 l. Dumont Bildarchiv/Peter Hirth, S. 81 r. Laif/Berthold Steinhilber, S. 82 r. mauritius images/Alamy/Bildarchiv Monheim, S. 93 mauritius images/Alamy/incamerastock, S. 95 mauritius images/Westend61/Bernados, S. 97 l. LOOK-foto/Heinz Wohner, S. 98 r. o. Laif/Sabine Bungert, S. 108 o. DuMont Bildarchiv/Peter Hirth, S. 110 und 111 r. Laif/Andreas Hub
Hinweis: S. 30 o.: Duane Hanson, Supermarket Lady und S. 108 o.: Georg Meistermann, Die Apokalyptischen Reiter © VG Bild-Kunst, Bonn 2017
Grafische Konzeption, Art Direktion, Layout: fpm factor product münchen
Cover Gestaltung: Neue Gestaltung, Berlin
Kartografie: © MAIRDUMONT GmbH & Co. KG, Ostfildern
Kartografie Lawall (Karten für „Unsere Favoriten")
DuMont Bildarchiv: Marco-Polo-Straße 1, 73760 Ostfildern, Tel. 0711/4502-266, Fax 0711/4502-1006, bildarchiv@mairdumont.com

Anzeigenvermarktung: MAIRDUMONT MEDIA, Tel. 0711 450 20, Fax 0711 45 02 10 12, media@mairdumont.com, http://media.mairdumont.com
Vertrieb Zeitschriftenhandel: PARTNER Medienservices GmbH, Postfach 810420, 70521 Stuttgart, Tel. 0711 72 52-212, Fax 0711 72 52-320
Vertrieb Abonnement: Leserservice DuMont Bildatlas, Zenit Pressevertrieb GmbH, Postfach 810640, 70523 Stuttgart, Tel. 0711 7252-265, Fax 0711 7252-333, dumontreise@zenit-presse.de
Vertrieb Buchhandel und Einzelhefte: MAIRDUMONT GmbH & Co. KG, Marco-Polo-Straße 1, 73760 Ostfildern, Tel. 0711 45 02 0, Fax 0711 45 02 340
Reproduktionen: PPP Pre Print Partner GmbH & Co. KG, Köln
Druck und buchbinderische Verarbeitung: NEEF + STUMME premium printing GmbH & Co. KG, Wittingen, Printed in Germany

FSC
www.fsc.org
MIX
Papier aus verantwortungsvollen Quellen
FSC® C001857